LES CLÉS DE L'ÉSOTÉRISME

TAROT

Steven Bright

Albin Michel

Édition originale publiée en anglais en 2018 sous le titre *In Focus tarot: Your Personal Guide*, aux éditions Wellfleet Press, The Quarto Group, USA.

Conception graphique : Ashley Prine, Tandem Books.

Pour l'édition française :
© Albin Michel, 2021
22, rue Huyghens, 75014 Paris
www.albin-michel.fr

Ouvrage publié sous la direction d'Aurélie Starckmann
Traduction : Éric Marson (MiMaBo LDA)
Mise en pages : Éric Marson (MiMaBo LDA)
Relecture et corrections : Emmanuelle Peraldi
Adaptation graphique de la couverture : Johanna Fritz

ISBN : 978-2-226-45831-5
Dépôt légal : février 2021
Imprimé en Chine.

FSC
www.fsc.org
MIXTE
Papier issu de sources responsables
FSC® C016973

SOMMAIRE

1

POUR BIEN COMMENCER

Qu'est-ce que le tarot ?

Le tarot que nous utilisons aujourd'hui est un jeu composé de soixante-dix-huit cartes illustrées. Qu'il vous soit arrivé ou non d'utiliser le tarot, vous connaissez certainement quelques-unes de ses principales figures. La Mort comme l'Amoureux ne vous sont probablement pas étrangers, ces figures étant souvent utilisées dans la fiction et la culture populaire. Les soixante-seize autres sont moins célèbres. Vous serez probablement surpris d'apprendre que la Mort et l'Amoureux apparaissent pourtant bien moins souvent sur la table d'un cartomancien que dans les pages des romans ou les scènes de téléfilms !

Nous n'approfondirons pas ici l'histoire du tarot car ses origines ne sont pas clairement établies. De nombreuses théories s'opposent sur la manière et le moment où le tarot est apparu, même s'il existe un consensus sur la Renaissance italienne comme point de départ de sa notoriété. Le jeu le plus ancien et le plus complet est celui de Visconti-Sforza, qui remonte au XVe siècle. Ses cartes sont conservées dans des musées et des collections aux quatre coins du monde.

Ce que l'on sait aussi, c'est que des périodes de succès et d'oubli se sont succédées au fil des époques. Damné par l'Église dans la deuxième moitié du XIVe siècle, puis remis au goût du jour par les adeptes de l'Occultisme à la fin du XIXe siècle, et adopté par la communauté *New Age* quelques décennies plus tard, les significations traditionnelles du tarot ont elles aussi évolué, comme son style et son utilisation. De nos jours, le tarot fait l'objet d'une utilisation plus soutenue qu'elle ne l'a jamais été. Il offre ses conseils et son réconfort dans le monde entier. L'utilisation du tarot comme aide à la réflexion, à la guérison et à l'analyse psychologique est très populaire, tout comme son usage dans l'univers de la magie et des diseurs de bonne aventure.

Le tarot peut aider à débloquer des émotions profondes, à nous confronter à nos peurs et à nous guider dans les aspects les plus sombres de l'existence. Qu'on fasse appel aux cartes pour obtenir des informations sur le quotidien ou pour choisir ce qui sera la prochaine étape de notre vie, nous sommes tous d'accord pour dire que le plus grand pouvoir des cartes ne se situe pas dans les cartes elles-mêmes, mais dans l'intention de l'utilisateur et sa manière d'interpréter ces symboles. Le tarot ne doit pas nous priver de nos pouvoirs personnels ni de nos capacités. Il doit au contraire les enrichir et nous aider à vivre une vie meilleure. Les cartes peuvent y parvenir en montrant aux lecteurs comment exploiter les opportunités, en leur permettant de contourner et d'affronter les obstacles qui se présentent sur le chemin de la vie.

Ce que le tarot n'est pas

Si le tarot peut nous aider à décrypter les problèmes et à surmonter les obstacles, il est plus efficace encore sur le temps présent. Il permet de localiser des problèmes qui ont joué un rôle important dans notre passé ou qui auront une incidence significative dans notre avenir, en considérant que cet avenir n'est certainement pas gravé dans le marbre. Il est préférable d'utiliser les cartes du tarot comme d'un outil pour provoquer des changements, plutôt que de sceller notre destin dans un futur sans compromis. On ne réalise pas forcément les choses sous cet angle lorsqu'un cartomancien nous tire les cartes. L'idée selon laquelle le tarot prédit un avenir indéfectible sur lequel nous n'avons aucun contrôle est donc totalement erronée.

Bien que les cartes nous permettent d'identifier des problèmes avec précision, elles ne peuvent en aucun cas se substituer à l'avis d'un médecin. Il est fréquent que des personnes malades demandent aux cartes de les rassurer. Bien que les cartes puissent effectivement détecter que quelque chose ne tourne pas rond, elles ne sont pas une solution à un problème de santé. Cela peut vous sembhler évident, mais vous seriez surpris par le nombre de personnes qui demandent aux cartes de mettre un terme à la pathologie dont elles souffrent. Dans tous les cas, on recommande donc de commencer par consulter un médecin avant de se rendre dans un cabinet de cartomancie, et non l'inverse. Si les tarots peuvent vous aider à gérer émotionnellement un problème de santé, elles ne peuvent diagnostiquer l'affection pas plus qu'elles ne peuvent suggérer un traitement.

Beaucoup pensent que le tarot est une pratique qui appartient à la sorcellerie ou qui se substitue à la religion. Ce sont de fausses croyances. Bien que des sorciers et des sorcières utilisent le tarot, cela ne veut pas dire que la cartomancie est synonyme de sorcellerie ou de Wicca. Le tarot est utilisé par des croyants comme par des athées. C'est simplement un outil qui les aide à développer leur spiritualité sans avoir la prétention de la remplacer.

Le tarot est-il dangereux ?

Qu'on se le dise une bonne fois pour toutes : le tarot n'est pas dangereux. La religion et les médias populaires ont instillé la peur dans les esprits et les cœurs, en ternissant le travail et la réputation d'éminents cartomanciens.

Prenez un instant, si vous le voulez bien, et imaginez un couteau, le plus simple qui soit. La plupart d'entre nous s'en servent quotidiennement pour

beurrer des tartines ou couper des aliments. Dans le même temps, vous ne serez pas surpris d'apprendre que ces mêmes couteaux de cuisine sont utilisés dans la majorité des attaques à l'arme blanche. Doit-on pour autant considérer que tous les couteaux sont des armes mortelles ? Évidemment, non ! Un couteau devient une arme à partir du moment où la personne qui le tient dans sa main le considère comme tel.

Il est vrai que tout le monde n'utilise pas le tarot avec des intentions positives. S'il y a peu de risques de blesser quelqu'un physiquement avec une carte, certains craignent le tarot et pensent que son utilisation peut être dangereuse. Comme pour le couteau, tout dépend de celui ou de celle qui lit les cartes. Il y aura toujours des gens qui se serviront de leurs outils pour paraître plus puissants ou pour prendre le contrôle sur les autres. Si le tarot est utilisé avec sensibilité, compassion et responsabilité, la richesse des images et leurs significations pourront aider à trouver la paix et le bon chemin. Comme vous le verrez, les images apparemment plus sombres (la Mort, par exemple) sont simplement le reflet de nos propres motivations et des aspects de notre chemin de vie. Dans bien des cas, il ne faut pas avoir peur de ces symboles mais les prendre à bras-le-corps. La vie n'est pas complètement positive ou complètement négative. Un jeu de tarot en est le parfait reflet et cherche simplement à établir un équilibre.

Certains créateurs de tarot ont souhaité offrir aux jeux des représentations ouvertement positives. En fait, il n'y a pas de carte parfaitement lumineuse ou profondément obscure. Nous faisons tous face à des difficultés et des obstacles. C'est le lot de la vie et c'est la manière dont nous réagissons qui est importante.

Alors ? Allons-nous affronter ces épreuves ou faut-il se terrer pour les éviter ?

Qui peut utiliser le tarot ?

La réponse est simple et rapide : tout le monde !

Contrairement à une idée répandue, il n'est pas nécessaire d'être doté de pouvoirs paranormaux pour lire les cartes, pas plus que d'appartenir à une communauté ou de suivre des croyances spirituelles spécifiques. Il suffit d'être animé de bonnes intentions et d'avoir l'esprit ouvert. Les cartes sont un formidable outil pour approfondir notre intuition et nos motivations inconscientes. En agissant comme un miroir, elles reflètent non seulement ce qui se passe, mais aussi ces choses dont nous ne sommes peut-être pas conscients à l'instant présent.

Comment tirer profit de ce livre ?

Nous avons chacun notre manière d'apprendre. Aussi la manière de tirer profit de ce livre dépend de vous. J'ai conçu cet ouvrage à l'usage des débutants et des lecteurs intermédiaires. Si vous arrivez dans le monde du tarot, vous pouvez le lire du début à la fin, mais la plupart des lecteurs l'utiliseront comme un ouvrage de référence.

Au fil des chapitres deux et trois, vous découvrirez une explication détaillée de chaque carte, selon cinq grands thèmes :

Introduction

La présentation de chaque carte débute par sa signification générale. Cette section décrit la personnalité de la carte et la façon dont elle est traditionnellement perçue.

La carte en situation

L'une des difficultés majeures du tarot est la traduction de messages anciens à l'aune de notre époque. Cette section propose des interprétations pour différentes situations de la vie quotidienne.

La carte incarnée

Il peut être difficile de garder une certaine souplesse vis-à-vis de la signification de chaque carte. Dans cette section, j'explique comment une carte peut décrire une personne. Elle est parfois utilisée comme un *significateur* (voir page 189) ou pour décrire quelqu'un dans votre vie. Comprendre comment la carte peut être perçue illustre la manière dont elle peut être déterminée dans une multitude de tirages ou de positions.

La carte et vous

Même si nous connaissons l'essence de la signification d'une carte, cela ne nous empêche pas d'être parfois confronté à des blocages. Cette section énumère les actions qui peuvent donner un coup de fouet à votre intuition ou vous aider à interpréter le message d'une carte sur le plan personnel.

Mots-clés

Les mots-clés sont un résumé des significations d'une carte. Vous pourrez vous y référer si vous avez besoin de vous rafraîchir la mémoire.

En bonus : un poster des arcanes majeurs

Un poster accompagne ce livre. Il présente les arcanes majeurs pour vous inspirer et vous guider chaque jour dans votre apprentissage.

Une fois que nous aurons analysé toutes les cartes, nous nous intéresserons à la manière de les lire. Vous découvrirez notamment les trucs et astuces pour devenir cartomancien. C'est l'objet du chapitre quatre.

Waite, le tarot universel

Le *New Age* des années 1970 a suscité un intérêt massif pour le tarot. C'est à cette époque que l'on commence à chercher des jeux de cartes appropriés. Ils n'étaient pas nombreux et si la plupart présentaient des illustrations des arcanes majeurs tout à fait correctes, celles des arcanes mineurs, elles, laissaient à désirer.

Dès le début, le tarot Rider-Waite connut un véritable engouement. Ce jeu proposait des illustrations claires des soixante-dix-huit cartes. Le seul reproche que l'on pouvait lui faire était ses couleurs un peu criardes. C'est alors que le tarot Universal Waite vit le jour. Il s'agissait d'une adaptation du Rider-Waite avec des couleurs plus douces que la version originale. Celle-ci est encore très populaire, aussi bien chez les amateurs que chez les professionnels.

Familiarisez-vous avec le tarot

Choisir un jeu de tarot doit être une expérience agréable et magique. Je me souviens encore lorsque je me suis offert mon deuxième jeu, un tarot de Röhrig, il y a de cela de nombreuses lunes. À l'époque, les magasins exposaient un échantillon des cartes qu'ils pouvaient ensuite commander pour leurs clients. Je me souviens combien j'étais fasciné en feuilletant l'album d'images. Pour choisir le jeu qui allait m'accompagner, je cherchais simplement celui avec lequel je me sentais le plus connecté.

De nos jours, on trouve beaucoup plus de jeux qu'à l'époque où j'ai commencé, il y a de cela une vingtaine d'années. Ils se présentent sous toutes les formes et toutes les dimensions, dans des thèmes et parfois même des structures différentes. Bien que l'attirance que vous ressentez à l'égard d'un jeu soit un facteur à prendre en considération, il convient au préalable de poser quelques questions et de faire quelques recherches. Tous les jeux n'ont pas la même configuration ni la même signification.

Un magasin spécialisé devra être capable de répondre à vos questions et vous pourrez également trouver sur Internet des experts qui seront ravis de vous donner un coup de main.

En définitive, il est primordial de trouver un jeu qui vous évoque quelque chose. Si vous utilisez un jeu que vous n'aimez pas, il ne vous aidera pas dans votre apprentissage et travailler avec se traduira rapidement en une véritable corvée. Prenez donc votre temps pour choisir votre jeu.

Appropriez-vous votre jeu

Dans un jeu de tarot, on trouve des personnages très différents : un bonhomme pendu par les pieds, une prêtresse mystique, des individus ailés et même la célèbre Faucheuse. Si la signification de la plupart de ces archétypes peut paraître évidente, certains sont tout de même plus difficiles à lire. Par exemple, qu'est-ce qu'un chariot médiéval peut bien vouloir dire à notre époque ?

La technologie moderne inonde notre univers et on pourrait penser que les concepts représentés sur les cartes apparaissent quelque peu dépassés. Et pourtant, c'est précisément le contraire. Les idées et les concepts séculaires représentés dans un jeu de tarot sont plus importants aujourd'hui qu'ils ne l'ont jamais été. Ils répondent en effet au besoin moderne d'équilibre et de réflexion.

Dans ce livre, je me suis efforcé de combler le vide entre l'imagerie antique des cartes et les situations de votre quotidien. Mais comment un Fou peut-il pimenter votre vie amoureuse ou un vieil homme tenant une lampe à bout de bras peut-il vous emmener au cœur d'un voyage introspectif? J'ai le sentiment que la clé de compréhension des images du tarot consiste à les utiliser comme un reflet de soi. Lorsque l'on considère une image et son sens généralement reconnu, nous pouvons nous en servir comme le miroir de notre vie, passée, présente, future. Superposer une carte à nos expériences personnelles nous permet de comprendre les cartes sur un plan autrement plus profond.

Comment un jeu est-il structuré?

On considère généralement qu'un jeu de tarot contient soixante-dix-huit cartes. Lorsque vous irez acheter votre premier jeu, vous verrez que certains en contiennent davantage, d'autres moins. Bien qu'il y ait des exceptions à toutes les règles, ces derniers ne sont pas considérés comme des jeux traditionnels (même si l'emballage promet le contraire). C'est pour cela qu'il convient de faire préalablement quelques recherches. Acheter un jeu sur lequel vous ne vous êtes pas suffisamment documenté peut conduire à beaucoup de confusion et de difficultés à long terme.

Le jeu de tarot est divisé en deux sections : les arcanes majeurs et les arcanes mineurs. Le mot *arcane* (qui vient du latin *arcanus*) signifie *secret* ou *mystère*. Les arcanes majeurs comprennent vingt-deux cartes et expriment les changements majeurs dans notre vie. Les arcanes mineurs sont liés à des situations banales de notre quotidien auxquelles nous sommes invariablement confrontés.

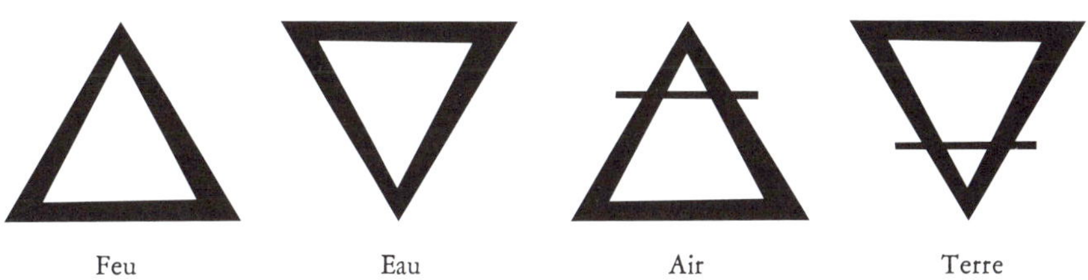

Feu Eau Air Terre

Les arcanes mineurs sont divisés en quatre séries. Leur nom varie selon le jeu, mais les plus communs sont : les Épée, les Coupe, les Bâton et les Denier. Chaque suite est associée à un élément. Les concepteurs de tarot attribuent ces éléments en fonction de leurs propres croyances, mais en général les Épée sont associées à l'élément Air, les Coupe à l'élément Eau, les Bâton à l'élément Feu et les Denier à l'élément Terre.

Exemples d'arcanes majeurs

Chaque suite contient quatorze cartes. Les dix premières sont dites numérales, les quatre dernières sont les cartes de cour. Ces dernières représentent chacune un personnage. Leur nom peut différer en fonction de la thématique du jeu mais Valet, Cavalier, Reine et Roi constituent la version la plus courante. Le système de tarot décrit dans ce livre est issu de la tradition Rider-Waite. Il est constitué de la manière suivante :

- **Arcane majeur :** 22 cartes
- **Arcane mineur :** 56 cartes en 4 séries de 14 cartes

Les cartes de l'arcane majeur se réfèrent aux cartes numérotées dans chaque suite d'arcanes mineurs et plus spécifiquement les cartes de 1 à 10. Par exemple, une carte 9 dans n'importe quelle suite se réfère d'une manière ou d'une autre à la neuvième carte de l'arcane majeur, l'Ermite en l'occurrence.

Exemples d'arcanes mineur

La signification des suites

Chaque suite d'arcanes mineurs a sa propre signification. Les cartes de chaque suite offrent des informations quelle que soit la manière de les lire, mais leurs éléments se rapportent aux caractéristiques générales de la suite.

La suite de Bâton est connectée à l'élément Feu. Cet élément fait référence à notre dynamisme et notre enthousiasme. C'est ce qui nous motive à faire avancer les choses. Lors d'un tirage, une succession de cartes appartenant à cette suite peut indiquer une situation excitante ou un regain de créativité.

La suite des Coupe est connectée à l'élément Eau. Cet élément se rapporte à la vie émotionnelle. Il peut souvent décrire la manière dont nous nous sentons vis-à-vis de quelque chose. Lors d'une lecture, plusieurs cartes de cette suite peuvent mettre en évidence une histoire d'amour ou une relation qui compte.

La suite des Épée est connectée à l'élément Air. Cet élément est associé aux pensées et à la communication. Dans une lecture, plusieurs cartes de cette suite peuvent indiquer un besoin de s'approcher des choses en respectant une certaine logique. Dans certains cas, une suite de cartes appartenant à cette suite peut être difficile à interpréter.

La suite des Denier est connectée à l'élément Terre. Cet élément est connecté à l'enracinement et à la vie matérielle. Si plusieurs cartes de cette suite tombent dans le tirage, cela peut indiquer qu'il convient d'être plus pragmatique ou de faire plus attention à ses finances.

Lecture des cartes de cour

L'interprétation des cartes de cour est souvent considérée comme l'aspect le plus complexe de la cartomancie. Ces cartes représentent les personnes qui font partie de votre vie aujourd'hui, qui ont fait partie de votre passé ou qui peuvent potentiellement entrer dans votre existence. L'âge peut jouer un rôle dans l'interprétation. Le Valet peut décrire un enfant et le Roi, un homme avisé. Quand on lit des cartes, mieux vaut laisser son intuition guider ses réponses. Lorsqu'une personne est au crépuscule de sa vie, cela ne veut pas dire que sa naïveté ne peut pas être mise en évidence par un « gamin » de la cour. De même, ce n'est pas parce qu'une personne est expérimentée dans le monde des affaires (comme le Roi de Denier) qu'elle sera moins habile dans celui des affaires personnelles (comme le Valet de Coupe).

Il arrivera que les attributs des cartes de cour vous décrivent, et c'est là que les choses tendent à devenir plus confuses. On conseille alors de prendre un instant pour demander à son intuition si la carte vous symbolise ou concerne quelqu'un d'autre, sachant qu'il arrivera que ce soit les deux à la fois. Par exemple, l'astucieuse Reine d'Épée pourra concerner un opposant farouche. Si c'est une possibilité, la carte pourrait alors vous suggérer de rester vigilant.

Il arrivera qu'une situation puisse être décrite par une carte de cour. Dans la mesure où le Valet est le plus jeune du rang, il peut être question de croissance et de démarrage. Le Cavalier symbolise quant à lui le mouvement. La Reine est nourricière, elle symbolise l'attention portée à quelque chose ou à quelqu'un. Le Roi, occupant le premier rang, est le maître de la suite. Ainsi, par exemple, le solide Roi de Coupe maîtrise merveilleusement bien ses émotions. Les cartes de cour seront décrites plus loin, mais voici une rapide présentation de leur hiérarchie :

Valet

Le Valet est le plus jeune membre de la cour. C'est l'étudiant du tarot, toujours prêt à apprendre de nouvelles choses. Il peut être porteur de messages dans la lecture du jeu. Le Valet de Coupe, par exemple, peut être le messager sur le plan émotionnel.

Cavalier

Le Cavalier peut représenter un adulte âgé de vingt à trente-cinq ans. Il suggère le mouvement dans la mesure où il est généralement à la poursuite de quelque chose. Le Cavalier de Bâton, par exemple, peut être à la recherche de choses excitantes, tandis que le Cavalier d'Épée est souvent en quête d'informations.

Reine

La Reine est généralement une femme d'âge mûr. Cette carte est associée au concept nourricier. L'objet nourrit dépend de la suite à laquelle appartient la Reine. Par exemple, la Reine de Denier est relative aux finances et aux attributs physiques.

Roi

Le Roi est le maître de ses lieux, exerçant son autorité, fort de son expérience. C'est un homme d'âge mûr considéré comme sage dans son élément. Le Roi de Denier, par exemple, peut être un homme d'une grande perspicacité en matière de finances, conseillant parfois les autres sur la meilleure manière d'investir leur argent.

Une note sur le genre des personnages

Bien que le Valet et la Reine soient souvent décrits comme des personnages féminins (il arrive que le Valet soit un homme comme dans le tarot universel utilisé dans ce livre) et le Cavalier comme le Roi des hommes, ces personnages ne sont pas confinés dans leur genre. La Reine de Coupe peut décrire le côté émotionnel d'un homme et le Roi de Bâton peut parler de la dynamique professionnelle et de l'ambition d'une femme. Les cartes reflètent des types de personnalité et ne sont pas limitées par le genre du personnage qui les illustre.

Cartes inversées

Une carte inversée est une carte qui est posée à l'envers lors du tirage. Lorsqu'une carte est inversée, elle peut évoquer un blocage ou renverser le sens premier de la carte. Cela peut parfois transformer une carte à dominante positive en une carte problématique et vice versa.

La question de savoir s'il faut ou non lire les cartes inversées ou garder un jeu à l'endroit lors d'une lecture est un sujet controversé. Certains cartomanciens estiment qu'il n'est pas nécessaire de lire les cartes inversées car il y a une répartition égale de l'énergie positive et négative dans le jeu. D'autres estiment qu'une carte inversée permet d'affiner la signification de la carte.

Il n'y a pas une manière unique et juste de faire les choses. Comme pour d'autres aspects du tarot, tout dépend du lecteur. C'est une question de choix personnel. Ce qui sera valable pour l'un ne le sera peut-être pas pour vous.

Pour ma part, j'ai décrit les cartes dans ce livre dans un contexte à la fois léger et stimulant. Une position compliquée peut mettre en évidence une carte inversée ou une position difficile dans le tirage. Je présente dans cet ouvrage les caractéristiques des cartes lorsqu'elles sont inversées, au cas où vous souhaiteriez les utiliser.

2

LES ARCANES MAJEURS

Les arcanes majeurs sont composés de vingt-deux cartes. Chacune porte une image puissante et archétypale. Une carte majeure doit être lue très attentivement puisqu'elle porte sur les grands changements et les opportunités de la vie. Les arcanes mineurs qui font l'objet du chapitre trois, concernent les détails plus communs de l'existence d'une personne.

Le Mat (ou le Fou)

On trouve le Fou au début de toutes les histoires. Il est plein d'énergie et d'enthousiasme, impatient de faire ses premiers pas dans une nouvelle aventure. Sa personnalité est flamboyante et intransigeante, jeune et innocente. Même s'il ne sait pas toujours où il va, il est tout de même impatient d'y arriver.

Ce personnage suggère une occasion ou un moment où l'on aurait plutôt tendance à se laisser aller à la prudence alors qu'il faudrait tenter quelque chose. Lorsque le Mat apparaît dans un tirage, il apporte un tourbillon d'excitation. On peut envisager cette carte comme un ami pas commun qui nous incite à prendre un risque ou à sortir des sentiers battus. Le Mat ne s'inquiète pas du passé, pas plus qu'il ne vit dans la peur de l'avenir. Ce qui le concerne, c'est ce qui se passe maintenant.

Si le Mat peut représenter les résultats positifs d'une prise de risque, sa joie de vivre et ses nouvelles expériences peuvent parfois donner l'idée que c'est un risque-tout. Cette carte prévient le consultant de ne pas prendre de risques stupides et d'examiner les situations nouvelles avant de s'engager.

Le Mat en situation

Lorsque le Mat apparaît, on peut s'attendre à des événements impromptus et à de nouvelles opportunités. Que vous ayez souhaité un changement ou une occasion inattendue, cette carte présente des possibilités passionnantes et des nouveaux départs. Il peut s'agir d'une décision inattendue qui briserait la routine d'une journée ordinaire ou l'envie de bousculer les habitudes dans une relation.

L'émerveillement de la jeunesse est l'essence même du Mat, nous rappelant d'aborder les défis comme le ferait un enfant. Si la peur et l'insécurité peuvent jouer un rôle dans la prise de décision, cette carte nous invite à nous souvenir de nous reconnecter avec notre côté ludique et innocent. Les enfants et les personnes inexpérimentées ressentent la peur mais cela ne les empêche pas de relever les défis. C'est la nature profonde du Mat.

Le Mat incarné

Lorsque le Mat se présente comme une personne, nous rencontrons quelqu'un qui a du mal à s'engager et à se conformer aux règles. Le Mat est un esprit libre. À ce titre, il est motivé par ses ressentis du moment et ne se laisse pas influencer par les règles, les règlements ou par les plans échafaudés. Ce n'est pas un individu qui aspire à être attaché, bien au contraire. Il apprécie la liberté liée à la spontanéité et à la vie au jour le jour.

Bien que l'énergie de la personne représentée par le Mat soit pleine de jeunesse, la carte ne décrit pas forcément quelqu'un de jeune. Nous avons tous une étincelle du Mat en nous, que nous ayons dix-sept ou soixante-dix ans. Cette carte peut décrire un sujet qui est jeune dans son cœur, mais aussi une personne dont les autres pensent qu'elle traverse une crise de la quarantaine.

En général, on décrit le Mat comme quelqu'un de drôle. Dans la relation, sa nature changeante et impulsive peut être intéressante, parvenant à casser la monotonie et à faire de chaque jour, un jour différent. Pour celles et ceux qui cherchent un partenaire engagé et doté d'un sens pratique, le Mat n'est pas du genre à s'installer durablement et sa nature imprévisible peut être fatigante à vivre.

Le Mat et vous

- Vous souvenez-vous d'une situation où vous avez pris un risque sans tenir compte des conseils des autres, et où cela a payé ?
- Pouvez-vous penser à quelqu'un de votre passé ou votre présent qui ne se conforme pas aux normes de la société ?
- La spontanéité est-elle du genre à vous exciter ou à vous effrayer ?
- Si le Mat vous chuchotait quelque chose à l'oreille à cet instant, qu'est-ce qu'il vous encouragerait à faire ?

Mots-clés

Nouveaux départs, spontanéité, approche non conventionnelle, innocence, prise de risque.

La carte à l'envers : *risque, puérilité, naïveté, frigidité, imprudence.*

Le Magicien (ou le Bateleur)

Dans le Magicien, nous trouvons la confiance et la certitude. Au contraire de l'esprit libre du Mat, le Magicien est réfléchi et logique dans son approche d'une situation déterminée. Son pouvoir réside dans sa capacité à affecter la vie plutôt que de se laisser affecter par elle.

Le Magicien est un symbole de compétence. Il emmène tout ce dont il a besoin pour avancer. Dans la mesure où c'est un personnage relié à la magie, on imagine qu'il est capable de créer quelque chose à partir de rien, mais en réalité il fait preuve d'ingéniosité en utilisant les attributs qu'il possède déjà.

Le Magicien est conscient du pouvoir qu'il possède et il sait s'en servir. En tant que spécialiste de l'illusion, il est capable de convaincre son public qu'il peut réaliser ses désirs et ses rêves.

Le Magicien en situation

Le Magicien peut représenter une opportunité pour transformer une idée en quelque chose de concret. Il arrive que nous ne nous sentions pas capable de le faire, mais la présence du Magicien dans un tirage nous rappelle les ressources dont nous disposons. Un capital confiance, de l'enthousiasme, des compétences interpersonnelles ou même un bon contact peuvent être nécessaires pour renverser une situation.

Il est temps maintenant d'avoir confiance en soi. Pour passer à l'étape suivante, nous devons nous engager à être fidèle à nos croyances et à nos rêves. C'est le moment d'être concentré. Les artistes auront tendance à se référer au Magicien dans la mesure où c'est une source d'inspiration et, avec l'aide de ses outils créatifs, à les transformer en quelque chose que d'autres pourront apprécier dans le monde physique.

Le Magicien incarné

En tant que personne, le Magicien représente ceux qui contrôlent le monde qui les entoure. Ils feront preuve d'un ensemble de compétences et disposeront du juste nécessaire pour agir. Si certains pourront avoir une tendance à l'arrogance, la plupart de ces individus sont généralement admirés pour leur capacité à faire bouger les choses et à créer à partir de rien. C'est souvent leur confiance qui leur ouvre des portes et qui leur permettra de convaincre les autres qu'ils ont ce qu'il faut pour réussir.

Si le Magicien dispose de compétences et de pouvoirs reconnus, il ne faut pas oublier pour autant que c'est un amuseur public et qu'à ce titre, il a plus d'un tour dans son sac. Un individu de ce type pourra être un vendeur un peu louche ou un personnage manipulateur. Sous une lumière négative, le Magicien pourra utiliser ses compétences de manière trompeuse, à des fins personnelles.

Le Magicien et vous

- À quel point vous sentez-vous puissant à cet instant ?
- Quelles sont les compétences que vous possédez et qui vous aideront à concrétiser une idée ou un rêve ?
- Pouvez-vous penser à quelqu'un de votre passé ou de votre présent dont la confiance en lui et le charme l'ont conduit là où il veut être ?
- Utilisez-vous votre pouvoir personnel de manière positive ou négative ?

Mots-clés

Pouvoirs, compétences, action, confiance en soi, ingéniosité, logique.

La carte à l'envers : *manipulation, tromperie, manque de ressources, manque de confiance en soi, manque de concentration.*

La Grande Prêtresse

On peut trouver l'énergie de la Grande Prêtresse au fond de chacun de nous. Bien qu'elle soit par nature le symbole de la sagesse féminine, nous avons tous sa touche de douceur et sa passivité.

Si le Magicien est un symbole de pouvoir conscient et d'action vers l'extérieur, la Grande Prêtresse représente l'inconscient et la connaissance intérieure. Si le Magicien est franc et dynamique, le véritable pouvoir de la Grande Prêtresse est de sentir quand il faut parler peu et écouter son cœur.

La Grande Prêtresse habite notre subconscient. On peut l'associer à notre intuition ou à notre voix intérieure, en nous appuyant sur les problèmes qui ne peuvent être réglés grâce à notre esprit rationnel. Elle est ce que l'on appelle notre « intuition féminine », bien que dans un tirage, sa profonde sagesse ne se limite pas aux femmes. En effet, nous avons tous la capacité de puiser dans notre subconscient et de tirer des messages importants de ces profondeurs.

La Grande Prêtresse en situation

Dans une situation donnée, on peut nous demander de nous débarrasser de ce que nous *savons* pour prendre un moment et examiner ce que nous *sentons* à propos de quelque chose ou de quelqu'un. Nous connaissons tous ces moments où l'on rentre dans une pièce et l'on sent l'atmosphère qui s'en dégage ou bien lorsque nous rencontrons quelqu'un pour la première fois, nous nous méfions instinctivement de la personne. Ici, c'est notre intuition qui fonctionne. Lorsque l'on éprouve un sentiment prononcé à l'égard de quelque chose, qu'il soit positif ou négatif, cette carte nous demande d'écouter ce sentiment. C'est généralement notre intuition qui essaie de nous dire quelque chose, si toutefois nous sommes en mesure de l'écouter.

La Grande Prêtresse est une carte relative à une émotion forte et à un mystère, elle peut représenter ces choses qui ne sont pas connues. Compte tenu de la nature tranquille et passive de ce personnage, son savoir ne peut être contraint. Il faut au contraire le traiter avec douceur. La Grande Prêtresse peut nous signifier des informations ou des secrets qui n'ont pas été encore découverts.

La Grande Prêtresse incarnée

La Grande Prêtresse décrit un individu doué d'une connexion naturelle avec les sentiments qui résident dans son subconscient. Elle peut incarner ce père qui sait lorsque quelque chose perturbe son enfant sans que celui-ci n'exprime son malaise. Elle peut être ce grand-parent qui donne l'impression magique d'avoir toutes les réponses. En ce sens, la sagesse de la Grande Prêtresse est bénéfique et cette personne est celle auprès de qui on pourra se confier.

Le rôle de la Grande Prêtresse ne se limite pas cependant au champ émotionnel. On la retrouve aussi dans l'instinct d'une personne douée en affaire, qui donne l'impression de réussir grâce à ses réactions instinctives face à une situation.

La Grande Prêtresse et vous

- Vous souvenez-vous d'une situation où vous avez décidé, à juste titre, de faire confiance à vos sentiments plutôt que d'écouter l'opinions des autres ?
- Pouvez-vous imaginer une situation dans laquelle il est préférable d'être inactif et silencieux, plutôt qu'énergique et bruyant ?
- À quelle fréquence faites-vous taire votre esprit occupé et écoutez-vous la petite voix de votre subconscient ?
- Pouvez-vous penser à des amis ou des parents que vous considérez comme sages au-delà de leur âge ?

Mots-clés

Intuition, passivité, patience, sagesse intérieure, mystère, secrets.

La carte à l'envers : *ignorer l'intuition, secrets dévoilés, personne qui n'est pas digne de confiance.*

L'Impératrice

L'Impératrice incarne l'abondance physique et la créativité. Souvent décrite comme une Mère nature, elle contemple tout ce que le monde a à offrir et souhaite nous combler de ses richesses.

L'Impératrice du tarot est un symbole de féminité, mais contrairement à la Grande Prêtresse, elle est de nature sensuelle et participe activement à la création. Parce qu'on l'associe souvent à Mère nature, tous les êtres vivants sont ses enfants. Il n'est donc pas rare de considérer cette carte comme synonyme de protection et d'instinct. On l'a souvent interprétée comme un signe de fertilité, l'Impératrice pouvant annoncer une grossesse.

Si cette carte peut nous parler de la conception d'un enfant et se référer à la naissance, elle n'est pas uniquement associée à cette thématique. L'Impératrice est impliquée dans toutes les formes de création et peut donc être connectée à l'art. Quel que soit le domaine de notre créativité, ce personnage encourage le développement de nouveaux projets et nous aide à leur donner naissance. Cela peut être la création d'une nouvelle peinture, la manifestation d'une idée ou encore les premiers pas d'une entreprise. L'Impératrice est la patronne de nombreux artistes qui font appel à sa fertilité et à son énergie d'expansion pour les aider à développer leurs idées créatives.

L'Impératrice en situation

L'Impératrice s'applique à l'évolution de quelque chose de nouveau. Cela peut être une naissance physique, le commencement d'un nouveau projet, d'un nouveau cursus d'études ou encore une relation qui a besoin d'être soigneusement alimentée. L'Impératrice peut décrire l'attention portée aux autres, ou celle que l'on se porte. Puisque l'Impératrice est liée au monde sensoriel, elle peut indiquer le besoin de nourrir le corps physique. Si notre mode de vie n'a pas joué en notre faveur, l'Impératrice peut nous encourager à réfléchir à ses effets néfastes sur notre santé. Elle peut aussi suggérer que nous ne buvons pas suffisamment d'eau ou que nous devons changer d'alimentation.

L'Impératrice peut apparaître dans un tirage lorsqu'on a besoin de s'exprimer et d'exprimer sa créativité. Bien qu'elle inspire de nombreux artistes, il n'est pas nécessaire d'être le prochain Michel-Ange pour prêter attention à son appel. La créativité sous toutes ses formes est reconnue dans cette carte, qu'il s'agisse de jardinage, de décoration, d'écriture, de cuisine ou simplement de planter trois fleurs dans un pot sur le balcon. L'Impératrice nous enveloppe à tous les instants de sa magie artistique.

L'Impératrice incarnée

En toute logique, l'Impératrice se réfère à toutes les mères. Il n'est cependant pas nécessaire d'avoir donné naissance à un enfant pour être une bonne mère. L'Impératrice considère tous les êtres vivants comme ses enfants. Cette carte peut donc décrire une personne qui prend soin de ses parents âgés, qui travaille dans le monde de la santé ou qui s'occupe des enfants de la personne avec qui elle partage sa vie.

L'Impératrice est chaleureuse et passionnée à l'égard du monde qui l'entoure. C'est une femme sensuelle et aimante, désireuse de s'exprimer et de prendre soin de ceux qu'elle aime. Dans une situation difficile, elle peut être étouffante. Elle peut être cette personne qui donne trop à manger à ses animaux, qui surprotège ses enfants et les empêche d'affronter les réalités de la vie.

L'Impératrice et vous

- Citez une personne qui, comme l'Impératrice, vous a nourri et aidé à devenir la personne que vous êtes ?
- Comment pourriez-vous exploiter votre créativité ?
- La frontière est-elle mince entre la bienveillance et la surprotection ?
- Comment pouvez-vous entretenir votre santé physique ?

Mots-clés

Féminité, maternité, créativité, éducation, nature, abondance, fertilité, grossesse.

La carte à l'envers : *négligence, stérilité, indifférence, blocages créatifs.*

L'Empereur

L'Empereur est un symbole d'autorité. Il puise dans notre énergie masculine, quel que soit notre genre et nous aide à nous organiser et à prendre le contrôle de notre pouvoir personnel.

L'Empereur et l'Impératrice sont intrinsèquement liés. Là où elle symbolise la figure maternelle, lui, représente l'influence paternelle. Elle est la mère, nourricière et attentive, il est le père, dictant les règles. Sans son intervention, nous manquons de discipline.

Comparé à la chaleureuse Impératrice, l'Empereur peut donner l'air d'être rabat-joie, de vouloir gâcher le plaisir. Mais ce n'est pas le cas. Nous avons tous besoin de limites et l'Empereur peut nous aider à passer du chaos à l'ordre.

Lorsque cette carte apparaît dans un tirage, elle peut interroger notre point de vue sur l'autorité. Sommes-nous obligés d'assumer un rôle autoritaire ? L'Empereur est-il une force à laquelle nous devons adhérer ou contre laquelle nous devons nous battre ?

L'Empereur en situation

Bien qu'il soit naturel de voir l'Empereur sous les traits d'une personne, ce n'est pas nécessairement le cas dans une lecture. Il arrivera que cette figure représente une puissante force, une entreprise pour laquelle vous travaillez, par exemple, et qui applique des règles et des procédures. Cette carte indique donc la puissance avec laquelle on peut travailler ou à laquelle on est opposé. Il est donc bon de savoir que, si tenir tête à une entreprise ou à un groupe puissant peut relever du défi, ce n'est tout de même pas une mission impossible.

Dans une situation déterminée, l'Empereur peut nous dire de faire preuve de plus de discipline, de la simple diminution des distractions à la mise en œuvre d'un projet plus vaste. Mais cela peut aussi décrire la mise en œuvre d'un plan bien plus vaste. Les règles et règlements peuvent apparaître désagréables, mais il n'est pas rare que leur valeur soit sous-estimée. Avec un peu d'ordre et de discipline, on peut transformer un échec en succès.

L'Empereur incarné

Lorsqu'il décrit une personne, l'Empereur figure la puissance masculine. Bien qu'il ait un côté attentionné et paternel par nature, on lui reconnaît plus volontiers sa capacité à contrôler et déléguer. Il pourrait être un patron, mais d'une manière plus générale, il est celui qui prend des décisions depuis les échelons supérieurs de l'échelle de l'entreprise. Son influence peut nous sembler plus prégnante que sa réelle présence dans notre environnement.

Dans le cadre d'une relation, cette personne a la même tendance à contrôler et exercer son autorité. On pourra se sentir attiré par sa manière de protéger et de diriger, mais lorsque cette carte est dans une situation compliquée, l'Empereur peut devenir dominant et, au pire, être détaché de ses émotions en raison de sa soif de pouvoir. Qu'il s'agisse d'un partenaire qui veut prendre le contrôle dans le couple, ou d'une figure paternelle qui empêche ses enfants de grandir, cette personne peut être difficile à satisfaire lorsque la carte est mal placée dans un tirage.

L'Empereur et vous

- Dans quelle mesure vous sentez-vous puissant ?
- Comment décririez-vous votre relation à l'autorité ?
- Où pourriez-vous instaurer le contrôle et l'organisation dans votre vie personnelle ou professionnelle ?
- Connaissez-vous quelqu'un comme l'Empereur dont le comportement autoritaire peut être intimidant ?

Mots-clés

Pouvoir, autorité, contrôle, discipline, direction, influence paternelle.

La carte à l'envers : *dominant, autoritaire, arrogant, indiscipliné, désorganisé, chaotique.*

L'Hiérophante

L'Hiérophante est généralement décrit comme une figure religieuse : une personne sur terre qui travaille comme messager entre les humains et une puissance supérieure. Bien qu'il soit traditionnellement représenté sous les traits d'un pape, il existe différents Hiérophantes dans le tarot moderne, s'adaptant aux nombreuses formes spirituelles que l'on trouve sur notre planète.

Comme l'Empereur, l'Hiérophante est également décrit comme un leader autoritaire. Cette carte, cependant, concerne le leadership spirituel et souvent des points de vue religieux. L'Hiérophante dispose de ses propres règles et il peut nous demander si nous sommes prêts à nous y conformer et à les suivre. Allez-vous les suivre ou tracerez-vous votre propre chemin ?

L'Hiérophante peut être une carte de confort parce qu'elle ouvre ses bras à ceux qui trouvent force et foi dans ses mots avisés. Il enseigne la morale et les valeurs, on a donc associé cette carte à l'éducation. Si nous sommes prêts à apprendre, alors l'Hiérophante est disposé à partager son savoir avec nous.

En raison de son lien avec la conformité, cette carte concerne également la notion de groupe. Qu'il s'agisse d'un groupe spirituel, d'un syndicat de travailleurs ou d'un conseil municipal, il y aura une sorte de croyance ou d'intention commune qui unira ses membres.

L'Hiérophante en situation

Les règles associées à cette carte peuvent être qualifiées de code d'éthique, compris et mis en pratique par un groupe ou délivré par un leader qui inspire et suscite le respect. À bien des égards, cela peut nous permettre de nous sentir en sécurité, dans la mesure où il est rassurant de savoir que nous ne sommes pas seuls sur le chemin. Associer ses forces à celles d'un groupe de personnes et faire partie d'une société établie sont des notions à prendre en considération lorsque l'Hiérophante se présente dans un tirage.

Cela étant, cette carte n'est pas toujours comprise de manière positive. Elle pourrait être mal perçue par ceux qui ont vécu une mauvaise expérience avec une organisation religieuse ou qui se sont vus étouffer dans un système de croyances imposées. Cette carte peut donc suggérer le besoin de rompre avec des groupes en tout genre et encourager l'indépendance.

Au fond, l'Hiérophante est un professeur, indépendamment du lieu et de ce qu'il enseigne. Ceci s'applique à toute personne qui envisage de suivre un cours ou qui souhaite trouver un professeur.

L'Hiérophante incarné

L'Hiérophante décrit un leader et un gourou respecté de toutes les confessions. Lorsque cette carte est favorable dans un tirage, cette personne peut nous offrir son support et son assistance. Ce n'est d'ailleurs pas nécessairement une personne. Internet, par exemple, a grandement facilité la connexion à des orateurs et des professeurs dans tous les domaines. On peut aussi trouver notre Hiérophante dans les pages d'un ouvrage de développement personnel ou une série de vidéos en ligne.

En matière de relations, l'Hiérophante peut apparaître comme quelqu'un de conformiste. Cette personne aura une vision traditionnelle du monde et une croyance spirituelle ou religieuse profonde. Lorsqu'elle est dans une situation difficile, cet individu peut apparaître soit comme fanatique, soit comme une sorte d'évangéliste, désireux de convertir les gens à sa façon de penser.

L'Hiérophante et vous

- Êtes-vous un leader ou un suiveur ?
- Que pensez-vous de la conformité ?
- Connaissez-vous une personne comme l'Hiérophante, dont les enseignements vous inspirent et vous réconfortent ?
- Est-il question de vous joindre à un groupe ou de commencer un nouveau cours en ce moment ?

Mots-clés

Tradition, conformité, convention, spiritualité, religion organisée, groupes, éducation.

La carte à l'envers : *attitudes non conventionnelles, indépendance, manque de moralité, conseil corrompu.*

L'Amoureux

Dans le tarot moderne, il existe de nombreuses représentations aussi amusantes qu'intéressantes de l'Amoureux. La plupart sont en lien avec les relations et l'union des contraires, mais il est intéressant de constater que l'une des significations historiques de cette carte est celle du choix.

Quand on y réfléchit, quel choix plus important fait-on que celui de son partenaire ? Pour beaucoup, choisir sa moitié induit de grands changements qui auront des répercussions tout au long de la vie. Que nous quittions la maison familiale pour nous marier ou que nous abandonnions notre vie de célibataire pour nous engager avec une personne, l'Amoureux peut suggérer une décision qui changera radicalement notre univers et les personnes qui le composent.

L'Amoureux peut décrire des partenariats en tous genres. Bien qu'il s'agisse plus volontiers de signifier le potentiel d'une relation amoureuse intense et profonde, il peut aussi être question d'amitiés et de relations professionnelles. La décision de s'associer avec quelqu'un ou avec une entreprise n'est pas à prendre à la légère, dans la mesure où elle peut induire une perte de contrôle. Lorsque cette carte est dans une position favorable, elle peut être synonyme de succès.

L'Amoureux en situation

L'Amoureux est une carte chargée de sens pour quiconque s'interroge sur l'avenir d'une relation. Le message qu'elle délivre dépend bien évidemment de l'emplacement de la carte. Dans le domaine du passé, elle nous parlera d'une relation antérieure significative. Dans le présent, elle suggère que les décisions prises aujourd'hui auront un impact sur notre avenir romantique.

Dans son sens le plus commun, cette carte suggère l'union de deux forces. De nombreuses représentations illustrent le mariage d'une énergie masculine et d'une énergie féminine, bien qu'il ne soit pas question de genre avec cette carte. Toutes les relations amoureuses sont couvertes par l'Amoureux, l'engagement en constitue la valeur principale. Les relations établies et celles susceptibles de déboucher sur un mariage ou une connexion plus profonde sont décrites ici. Lorsqu'il est dans une position difficile, l'Amoureux met en lumière un problème de relation ou de couple dont les partenaires se sont éloignés. Dans le pire des cas, cette carte promeut la séparation ou le divorce des deux parties.

Pour les tirages qui ne concernent pas les domaines de l'amour et des relations, cette carte nous parlera d'une décision importante qui doit être prise. Il sera question ici de décisions qui infléchissent le cours de la vie et qui peuvent nécessiter l'avis d'un professionnel.

L'Amoureux incarné

Lorsqu'il décrit une personne, l'Amoureux nous montre quelqu'un de romantique. C'est un individu plus engagé que fantaisiste. L'Amoureux pourra avoir des idéaux romantiques, mais son intérêt est ancré au cœur d'objectifs réalistes. La personne décrite par cette carte pourrait avoir des envies de mariage ou souhaiter que sa relation prenne une tournure plus sérieuse.

En raison de son sens originel, l'Amoureux suggère un individu qui peut aider à prendre une décision importante. Si la carte peut nous parler d'une personne qui ne parvient pas prendre une décision, elle peut aussi évoquer un conseiller qui pourrait l'assister, un thérapeute ou un conseiller matrimonial par exemple.

L'Amoureux et vous

- Êtes-vous sur le point de faire un choix important ?
- Dans quelle mesure êtes-vous une personne décidée ?
- Envisagez-vous une fusion ou un partenariat important qui entraînera de grands changements dans votre vie ?
- Dans quelle mesure êtes-vous engagé dans une relation amoureuse ?

Mots-clés

Choix, décisions qui changent la vie, amour, mariage, partenariat.

La carte à l'envers : *mauvais choix, relations difficiles, séparation, désamour, divorce.*

Le Chariot

Le Chariot est souvent considéré comme un indicateur de succès. Lorsque cette carte apparaît dans un tirage, il est question de mouvement et de triomphe et ce, malgré les obstacles.

Le Chariot, en tant que véhicule, est une carte de progression qui vous permet d'avancer malgré les difficultés, ce qui en fait une carte importante. Seuls les plus chanceux parviennent à aller d'un point A à un point B sans que leur élan ne soit freiné par des obstacles. Et c'est le fait de surmonter ces épreuves qui rend la réussite encore plus délectable.

Cette carte est avant tout une carte de confiance et de concentration. Elle nous permet de dessiner notre chemin et d'envisager les différents moyens de résoudre les problèmes qui se posent avant qu'ils aient raison de nous. Dès l'instant où l'on sait où l'on veut aller, il suffit d'organiser l'itinéraire qui y conduit. Le conducteur du chariot représenté sur la carte doit s'assurer que le chemin est dégagé. Dans certains cas, il s'agira d'un travail personnel qui permettra d'apaiser les peurs et de renforcer son sens de l'objectif.

Le Chariot en situation

En situation, le Chariot est une carte synonyme de triomphe face à l'adversité. Lorsqu'elle apparaît dans un tirage, il sera question des défis qui peuvent être et seront dépassés. Pour certaines personnes, elle offrira des éclaircissements, leur rappelant qu'elles ont tout ce qu'il faut pour réussir et les encourageant à avoir confiance dans leurs capacités. Il peut être question de relativiser les problèmes plutôt que de laisser les peurs et les doutes prendre le contrôle de la situation. Tous les obstacles sont surmontables dès l'instant où l'on a confiance en soi et que l'on fait preuve de courage.

Il arrive souvent que l'on associe le Chariot aux véhicules motorisés. Dans une lecture au premier degré, la carte peut suggérer une voiture ou un moyen de transport. Dans cette optique, il peut être question de voyages importants. Il est intéressant de noter que, dans une position difficile, la carte peut également nous parler de problèmes avec le contrôle technique d'une voiture ou d'un retard, voire de l'annulation d'un voyage.

Le Chariot incarné

En tant que personne, le Chariot décrit un individu courageux et qui a confiance en lui. C'est une personne qui sait où elle va et ne laisse pas la peur l'empêcher d'atteindre ses objectifs.

Bien que cette personne puisse être naturellement confiante, cette carte n'est pas uniquement associée à des individus très performants. Nous avons tous la capacité d'expérimenter le succès dont nous parle cette carte, elle peut donc décrire des personnes qui ont franchi des obstacles contre toute attente. Qu'il s'agisse d'un individu qui a survécu à une enfance difficile ou à un mariage désastreux, le Chariot met en valeur une personne qui incarne la persévérance.

Lorsqu'il est connecté au mouvement et aux véhicules, le Chariot peut décrire une personne qui gagne sa vie en conduisant. Chauffeur de taxi, moniteur d'auto-école, coursiers en tous genres sont sous l'influence de cette carte.

Le Chariot et vous

- Êtes-vous courageux ?
- Pouvez-vous penser à une époque où vous avez réussi, malgré des obstacles difficiles ?
- Avez-vous des problèmes avec votre voiture ? Un véhicule serait-il une solution à un problème que vous rencontrez en ce moment ?
- Que devez-vous surmonter pour gagner en confiance ?

Mots-clés

Confiance, courage, surmonter les obstacles, voyage, succès, véhicules à moteur.

La carte à l'envers : *insécurité, imprudence, manque d'orientation, problèmes de déplacement.*

La Force

La Force est une carte de bravoure et d'endurance. Elle se présente dans un tirage pour nous rappeler nos compétences lorsque les temps sont difficiles et stressants.

Le mot *force* nous fait penser à quelqu'un de puissant sur le plan physique, capable de se battre aisément contre n'importe quel adversaire. Si d'anciennes illustrations de cette carte sont effectivement orientées dans ce sens, on conviendra communément qu'il est plutôt question de force et de courage intérieurs.

Nous connaissons tous des histoires qui racontent que des individus dénués d'une force physique particulière sont parvenus à extirper des êtres chers de bâtiments en proie aux flammes d'un incendie. D'autres survivent pendant plusieurs jours sous les décombres d'un tremblement de terre. Et ces nourrissons qui luttent pour rester en vie, alors que les médecins émettent un diagnostic bien sombre sur leurs chances de survie. C'est de cela dont nous parle la Force : être capable de trouver le courage nécessaire pour lutter contre une ferme opposition ou un sentiment de peur exacerbé.

La Force en situation

La Force fait son apparition dans un tirage lorsqu'on doit faire preuve de courage et que l'on doit affronter une épreuve intimidante. Il se peut que la bravoure nous manque pour faire face à nos peurs, mais cette carte nous recommande d'affronter ce qui nous intimide. Notre ego, nos réactions ou encore nos désirs primaires doivent être parfois doucement réprimés. Nous devrons alors calmer l'animal qui sommeille en nous, plutôt que de chercher à affronter quelque chose qui nous est extérieur.

On oublie souvent que la force n'est pas forcément synonyme d'agressivité. La Force est fondamentalement une carte de compassion et de compréhension. Elle cherche à désamorcer une situation, plutôt que d'éveiller le conflit. La maîtrise de nos besoins réclame du temps, de la patience et de la confiance.

Lorsque cette carte est dans une position difficile, nous sommes sous l'emprise de nos désirs, de nos réactions et de nos peurs. Il peut être question de problème d'agressivité ou de comportements addictifs.

La Force incarnée

La Force peut décrire quelqu'un dont le tempérament peut être doux mais qui ne l'est pourtant pas particulièrement. Il peut s'agir d'une personne qui n'a pas nécessairement besoin d'user de la force pour remporter ses batailles, mais qui s'appuie sur sa détermination et ses convictions pour le faire. La Force n'est pas du genre à abandonner et persévère quels que soient les obstacles qui lui barrent le chemin.

Nous connaissons tous ce type de personnes dont la détermination force l'admiration. Qu'il s'agisse de foi, de confiance en soi, de courage, ces individus ont une force intérieure qui inspire le respect.

Il est également question de volonté lorsque la Force entre en jeu. Elle peut s'exprimer dans la lutte contre une addiction, dans la capacité à rester calme en période de crise ou à faire preuve de résistance face à la tentation.

La Force et vous

- Faut-il être en bonne forme physique pour être fort ?
- À quoi ou à qui devez-vous vous opposer ?
- Quelle partie de vous doit être réprimée ?
- Comment une méthode douce peut-elle être plus efficace qu'une réaction agressive ?

Mots-clés

Force intérieure, courage, conviction, maîtrise des désirs fondamentaux, intrépidité.

La carte à l'envers : *faiblesse, vulnérabilité, manque d'autodiscipline, diriger par des pulsions.*

L'Ermite

L'Ermite s'éloigne de la société et suit son propre chemin de tranquillité. Il fait un voyage introspectif profond en quête de connaissance et de compréhension de soi.

Dans de nombreux jeux de tarot, l'Ermite est montré sous les traits d'un vieux sage, mais il n'est pas nécessaire d'être âgé pour suivre son exemple. La vie est parsemée de repères qui nous conduisent à réfléchir et à apprendre. On voudra, par exemple, prendre le temps de la réflexion entre deux emplois. De même, on pourra souhaiter passer un temps seul après une rupture amoureuse, afin de comprendre ce qui n'a pas fonctionné. C'est dans la solitude que cette démarche est la plus efficace, dans la mesure où elle est protégée des influences extérieures et des opinions des autres. Il arrivera souvent que l'on cherche une réponse à l'extérieur, alors que le message de l'Ermite concerne des solutions qui se trouvent uniquement en nous. On pourra souhaiter réfléchir à notre propre situation et à la manière de changer notre vie.

L'Ermite en situation

Il est parfois nécessaire de prendre le temps de la réflexion. Lorsque l'Ermite décrit une situation, il nous suggère de nous éloigner du brouhaha de la vie quotidienne pour envisager les choses sous une perspective plus claire. Si, par exemple, on se trouve dans une relation compliquée, on peut envisager plus facilement l'étape suivante sans se laisser influencer par son partenaire.

À un niveau plus élevé, l'Ermite peut évoquer la nécessité de faire un travail sur soi pour se trouver et connaître ses véritables motivations. Un travail introspectif de l'âme est souvent nécessaire. Trouver son chemin fait partie des vocations de cette carte, en nous encourageant à rompre avec ce que la société nous dit de faire et en écoutant davantage les conseils de notre voix intérieure.

L'Ermite incarné

L'Ermite peut jouer le rôle d'un guide quand il est incarné. Il peut avoir les traits d'une personne âgée expérimentée ou de quelqu'un qui fait preuve d'une véritable sagesse. Dans tous les cas, cette personne ne nous dit jamais ce que nous avons à faire, elle joue le rôle d'un mentor, nous encourageant à écouter notre instinct et à nous immerger dans la découverte de nous-même.

Cette carte peut nous parler de solitude. Sous un angle positif, elle décrit une personne indépendante, en phase avec ses croyances. Lorsque l'Ermite est dans une position difficile, cette carte peut nous parler de la difficulté à vivre la solitude ou d'une personne qui a été mise à l'écart de la société. S'éloigner de la société n'est pas nécessairement un choix mais parfois la conséquence d'une situation difficile. L'Ermite peut mettre en évidence un solitaire qui vit sa solitude comme une contrainte. Si dans un tirage, cette carte est entourée par des cartes difficiles, elle peut décrire une personne qui aspire à se réinsérer dans la société mais qui ne sait pas comment y parvenir.

L'Ermite et vous

- Dans quelle mesure jugez-vous que vous éloigner occasionnellement de votre environnement social est important ?
- Y a-t-il quelqu'un comme l'Ermite qui agit comme un guide dans votre vie ?
- Vous souvenez-vous d'une époque de votre vie où vous vous êtes senti seul ou exclu par les autres ?
- Selon vous, qu'est-ce que la « recherche de l'âme » ?

Mots-clés

Sagesse, solitude, un guide, s'extraire de la société, réflexion, recherche de l'âme.

La carte à l'envers : *solitude, exclusion, rejet, sentiment d'isolement.*

La Roue de la fortune

Le changement est la seule certitude dans la vie. Rien ne reste identique très longtemps, même si nous le souhaitons. La Roue de la fortune nous rappelle que tous les aspects de l'existence, nos relations, notre carrière et notre santé, sont en constante évolution.

Comme son nom l'indique, la Roue de la fortune évoque des événements fortuits. Bien qu'il soit généralement recommandé de préparer son avenir, cette carte suggère que l'univers a ses propres projets pour vous. Il peut apporter des événements heureux et d'autres, qui le sont moins.

Lorsque cette carte est en jeu, mieux vaut parfois se souvenir que les pouvoirs de l'univers sont bien supérieurs aux nôtres. On ne peut, par exemple, changer les saisons, même si, *a priori*, nous pouvons préférer douze mois d'été ou des vacances de Noël bien plus longues. En ce sens, cette carte nous rappelle que nous devons suivre le courant des choses, c'est encore le meilleur moyen de nous adapter au changement.

La Roue de la fortune en situation

En situation, cette carte peut déterminer un bon coup du sort. Il peut s'agir d'un bonus inattendu, voire d'un gain au loto. Pour les personnes qui sont en difficulté, la Roue de la fortune constituera toujours un bon présage, en ce sens qu'elle offre un répit.

Évidemment, ce qui monte finit toujours par redescendre. La main du destin peut porter chance, mais elle peut également être synonyme de difficultés lorsqu'elle se trouve dans une position difficile. Les choses peuvent s'être bien déroulées jusque-là, mais lorsque la carte est inversée, cela peut signifier que vous allez être assiégé par les problèmes. Il peut s'agir de factures qui vous assaillent, d'une pénurie de travail ou simplement de l'usure du quotidien. Dans tous les cas, tout cela n'est que passager. Aussi est-il inutile de céder à la panique.

Notre capacité de réaction au changement peut être notre salut comme notre pire ennemie. Quelle que soit la nature des événements apportés par la roue, nous devons accepter que nous ne puissions changer certaines choses. Ceci ne nous laisse pas totalement impuissant dans la mesure où nos réactions nous appartiennent toujours. Notre manière de réagir pendant les périodes de changement aura un impact déterminant sur la fluidité des événements.

La Roue de la fortune incarnée

La Roue de la fortune peut décrire un individu que l'on imagine chanceux. La chance semble sourire davantage à certaines personnes, et cette carte peut représenter quelqu'un qui semble toujours retomber sur ses pieds, qui est heureux ou qui navigue aisément entre les difficultés de la vie. Ces personnes semblent toujours être au bon endroit au bon moment.

La Roue de la fortune peut aussi décrire une personne qui rebondit entre des hauts et des bas extrêmes. Sur le plan émotionnel, son humeur peut terriblement fluctuer d'un jour à l'autre. Cela en fait un partenaire de vie ou un ami compliqué, dans la mesure où ses humeurs sont parfaitement imprévisibles. Très sensibles au changement, la moindre variation peut l'influencer.

La Roue de la fortune et vous

- Vous considérez-vous comme chanceux ?
- Vous souvenez-vous d'une époque où vous avez dû faire face à une période de malchance ?
- Connaissez-vous quelqu'un qui semble toujours retomber sur ses pieds ?
- Pourquoi est-il toujours préférable de suivre le courant des choses ?

Mots-clés

Fortune, chance, cycles, destin, fluctuation, changement.

La carte à l'envers : *résistance au changement, malchance, rigidité, sentiment de perte de contrôle.*

La Justice

On peut se faire une bonne idée de la signification de la Justice rien qu'à son titre. C'est un symbole d'équité et de karma, souvent représenté par une épée qui symbolise la vérité, et par une balance qui nous parle d'équilibre.

La Justice est une carte en connexion avec la loi. Dans certains cas, elle concerne une issue favorable à un problème juridique. Si la question posée est en lien avec un procès par exemple, cette carte suggère que le dossier sera traité avec la plus grande équité. Ce que l'on considère comme favorable ne correspond pas nécessairement aux attentes de la personne concernée. Cette carte mettra en évidence que la personne a été injustement traitée, par exemple. Par contre, si l'objectif est de faire en sorte que le juge ferme les yeux sur la situation, l'issue du procès risque de décevoir la personne venue consulter les cartes. On ne se cache jamais de la justice.

Cette carte n'est pas toujours le reflet d'une situation juridique. Dans la plupart des tirages, son message concerne l'équité dans les relations ou dans la vie quotidienne. Bien qu'il puisse être question de décisions justes prises à notre égard, cette carte peut également reconnaître ces moments de la vie où l'on reçoit une gratification en échange des efforts et du temps que nous avons investis.

La Justice en situation

La Justice parvient à dépeindre l'équité. Si vous étiez en attente du verdict censé refléter la vérité dans une situation déterminée, alors cette carte vous offrira la réponse attendue. Toutes les informations auront été soigneusement prises en compte et le résultat qui en découlera sera positif.

Sur un plan plus général, il s'agit d'une carte de karma. L'univers remarque ce que nous disons et ce que nous faisons. Il ne nous récompensera ou ne nous punira peut-être pas sur-le-champ, mais rien n'est oublié. Ces choses peuvent être cachées, mais il arrive un moment, des mois ou des années plus tard, où elles refont surface. Tout ce que nous vivons est le résultat de ce qui a été planté hier ou dans un passé plus lointain. En gardant ce concept à l'esprit, la Justice nous demande de réfléchir à la manière dont nous nous comportons aujourd'hui et sur les conséquences de ce comportement pour le futur. Cette carte, lorsqu'elle est lue sous l'angle de la situation, nous encourage à être juste dans nos négociations. Elle nous rappelle d'étudier soigneusement les faits et de mettre de côté les réponses construites sur des émotions lorsqu'il est question de prendre une décision. Quel est le choix le plus juste pour toutes les parties concernées ?

La Justice incarnée

Quand il est question d'une personne, cette carte décrit quelqu'un de juste. Dans un cadre professionnel, il peut s'agir d'un acteur du système judiciaire : juge, avocat ou même témoin dont on attend qu'il dise la vérité. Dans la vie de tous les jours, cependant, cette carte peut dépeindre une personne qui prend des décisions claires et justes sans qu'elles soient teintées d'émotions ou de partis pris.

Lorsqu'elle est dans une situation délicate, la Justice peut décrire une personne déloyale. Au pire, il peut s'agir d'un individu corrompu bien qu'il soit plus généralement question de personnes qui cherchent à manipuler la vérité à leur profit. Un menteur ou une personne qui fait un faux témoignage pourra être mis en évidence par cette carte lorsque celle-ci est inversée.

La Justice et vous

- Dans quelle mesure êtes-vous équitable selon les situations ?
- Pouvez-vous penser à un moment où vous avez été récompensé pour vos paroles ou vos actions ?
- À qui pouvez-vous vous adresser si vous souhaitez une évaluation équitable d'une situation ?
- Comment vos paroles et vos actes peuvent-ils avoir des conséquences importantes ?

Mots-clés

Équité, équilibre, questions juridiques, justice, décisions rationnelles.

La carte à l'envers : *injustice, déséquilibre, préjugés, partialité, manipulation.*

Le Pendu

L'image du Pendu peut être troublante pour certains. On peut légitimement se demander comment il s'est retrouvé la tête à l'envers, accroché par les pieds. Dans de nombreux jeux, ce personnage semble être calme, à l'aise et apparemment pas affecté par sa position. On peut donc imaginer qu'il s'est lui-même installé dans cette posture et qu'il l'a fait pour de bonnes raisons.

Il est essentiel de regarder la carte de cette manière pour en comprendre le sens. Le Pendu, par essence, tient du sacrifice de soi. Celui-ci n'est pas infligé par les autres, c'est un sacrifice décidé en toute connaissance de cause. Lorsque ce personnage s'accroche la tête à l'envers, sa perception du monde change radicalement. Pour certains d'entre nous, il peut s'agir d'un sacrifice en soi : mettre son ego de côté pour regarder le monde au travers des yeux des autres. Le monde s'offre alors de manière très différente.

Parce que cette position représente une pause dans le mouvement, le Pendu peut parfois représenter les retards et les délais. Quelque chose que nous attendons peut prendre un peu plus de temps à se produire que ce que nous attendions. Des voyages ou des préparatifs prendront plus de temps ou seront même tout bonnement annulés.

Le Pendu en situation

Lorsque le Pendu apparaît dans un tirage, il peut suggérer qu'une période de calme est nécessaire. C'est peut-être le moment de prendre un peu de recul et d'examiner les choses avec un peu de hauteur. Cette vision d'ensemble est parfois nécessaire, surtout lorsqu'on a le « nez dans le guidon ». Prendre du recul nous permet d'apprécier l'opinion des autres et de trouver de nouvelles manières de réaliser certaines choses. Notre approche initiale n'est peut-être pas la meilleure et mettre de côté notre ego peut constituer une étape importante.

Nous faisons tous des sacrifices. Mais renoncer aujourd'hui sera peut-être récompensé dans le futur. Par exemple, s'empêcher de manger une part de gâteau au chocolat pourtant alléchant nous évite de prendre des kilos ; décliner quelques soirées festives entre amis nous évite de la fatigue et permet d'épargner un peu d'argent que nous pourrons investir dans une activité plus constructive. Le Pendu nous encourage à adopter une mentalité construite sur la vue d'ensemble. La question à se poser est : « Voulons-nous tout, tout de suite ? » Ou bien, est-ce qu'un peu de résistance ne pourrait pas nous apporter plus de sagesse ou une expérience à venir plus riche ?

Le Pendu incarné

Quand il est question d'une personne, le Pendu peut correspondre à quelqu'un de désintéressé, n'hésitant pas à sacrifier ses besoins ou ses désirs pour le bien général. Il peut s'agir d'un parent qui renonce à des dépenses personnelles pour payer l'éducation de ses enfants ou d'une personne qui consacre du temps à des œuvres caritatives.

Cette carte peut aussi suggérer une personne qui ne pense pas comme tout le monde et aime aller à contre-courant. Un artiste ou un écrivain pourra profiter d'une nouvelle vision, préférant regarder le monde d'une tout autre manière. Des visionnaires en tous genres peuvent être décrits par cette carte.

Lorsque la carte est inversée, le Pendu se tient debout « dans le bon sens ». Lorsque cette carte est dans une situation compliquée, elle peut décrire un martyre de la vie, le genre d'individu qui passe son temps à se sacrifier et à s'en plaindre. Nous connaissons tous des personnes qui en font trop et qui ne parviennent pas à nous dire combien le poids qu'elles portent sur leurs épaules est difficile à supporter.

Un Pendu inversé peut aussi décrire ceux qui ne sacrifient rien ou ne changent rien à leur point de vue. Dans une relation, cette carte peut décrire un partenaire égoïste, qui n'est pas prêt à faire preuve de souplesse.

Le Pendu et vous

- Quel sacrifice, petit ou grand, êtes-vous prêt à faire pour votre bien ou celui de votre entourage ?
- Dans quelle mesure est-il important de changer de point de vue de temps à autre ?
- Pouvez-vous penser à une situation actuellement en suspens et dont l'issue n'est pas proche ?
- Connaissez-vous quelqu'un qui se comporte comme le Pendu ?

Mots-clés

Sacrifice, changement de perspective, vision d'ensemble, retards.

La carte à l'envers : *refus du sacrifice, égoïsme, obstination, martyre.*

La Mort

La réputation de la Mort n'est plus à faire. Si vous avez déjà vu cette carte dans un film ou un programme de télévision, il y a de fortes chances pour que ça soit en prévision d'un décès. Pour cette raison, la Mort est la carte la plus redoutée du tarot. Personne ne souhaite la voir apparaître dans un tirage. Pour autant, la Mort est-elle vraiment synonyme de décès?

D'une certaine manière, la Mort reflète bien une mort, mais pas nécessairement au sens littéral. Cette carte est celle des fins. Or la vie est parsemée de choses qui se terminent pour marquer un changement: la rupture d'une relation, la fin d'un travail ou encore celle d'un style de vie spécifique. Lorsque deux personnes se marient, elles mettent un terme à leur vie de célibataire, mais c'est une « perte » pour le bien des deux... en tout cas, c'est à espérer.

Bien évidemment, il est des fins que la Mort illustre et qui sont bien moins souhaitables qu'un mariage. Cependant, au cours de ma carrière longue de plus de vingt ans, je peux affirmer que la Mort a prédit la fin de bien plus de situations et de relations compliquées et malheureuses que de pertes d'un être cher.

Tout a une durée dans la vie: nos relations, l'enfance, les emplois et, bien évidemment, notre existence physique. C'est le cycle naturel de la vie. Le tarot n'est pas là pour nous effrayer mais pour nous avertir et nous permettre d'anticiper les évènements. Lorsqu'on sait qu'une situation connaîtra inévitablement une fin, le tarot nous avertit ou nous offre la possibilité d'agir pour éviter qu'elle ne se produise. N'est-ce pas positif?

La Mort en situation

Si la Mort apparaît dans un tirage, cela suggère qu'une fin est proche. Si cette carte nous déstabilise, il convient de prendre un moment pour dépasser nos peurs et envisager la fin comme un phénomène inéluctable avec lequel il convient de vivre. Êtes-vous au terme d'une période d'études? Vous sentez-vous trop âgé pour conduire en toute sécurité? Ces exemples évoquent la fin d'un chapitre et le début d'un nouveau.

Parfois, la Mort revient régulièrement dans les tirages. La même carte peut se présenter encore et encore, ce qui suggère qu'elle a un message à délivrer. Nous ne sommes pas tous égaux devant le changement. Certains l'aiment, d'autres non. L'apparition régulière de la Mort vous montre qu'il serait bon de vous préparer à la fin de quelque chose, même si cette idée n'a rien de réjouissant pour vous. C'est souvent la peur qui nous empêche de mettre un terme aux choses. Lorsqu'elle est inversée, la Mort peut mettre en évidence une tendance à la résistance aux changements dans la vie.

La Mort incarnée

La Mort symbolise une personne qui accueille le changement et l'inconnu. Elle ne craint pas la fin parce que la Mort sait qu'un nouveau départ l'attend. Cette personne comprend que, dans nombre de cas, on ne peut réellement commencer un nouveau chapitre sans rompre avec les personnes et les éléments du passé. Dans certains cas, cela peut être triste et compliqué mais c'est pourtant parfaitement nécessaire pour aller de l'avant.

Dans une situation difficile, la Mort peut décrire ce qui est morbide. Tout le monde n'est pas capable d'envisager une situation de manière positive et certaines personnes ont plutôt tendance à voir le verre à moitié vide. Lorsqu'elle nous parle d'une personne difficile, cette carte peut évoquer un individu qui aura tendance à être obsédé par la mort ou qui ne voit pas d'issue positive à une situation.

La Mort et vous

- En quoi la fin d'une situation ou d'une relation peut-elle être synonyme d'une vie meilleure?
- Comment la mort peut-elle devenir une expérience purificatrice et libératrice?
- Quelle fin avez-vous vécue récemment?
- En quoi le fait de retarder et de remettre à plus tard un changement pourrait-il être malsain ou préjudiciable?

Mots-clés

Fin, changement, transformation, nouveaux départs, nouvelle direction.

La carte à l'envers: *résistance au changement, peur de la fin de quelque chose, résistance à la nouveauté, maintien du passé.*

La Tempérance

La Tempérance évoque la modération. Cette carte décrit l'acte de combiner harmonieusement les différents éléments qui composent la vie. C'est souvent bien plus simple à dire qu'à faire, l'équilibre étant difficile à trouver et plus compliqué encore à conserver.

Comment pouvons-nous comprendre le sens de la Tempérance dans la vie de tous les jours ? Cette carte est souvent illustrée par deux récipients dont les contenus se mélangent, dans un juste équilibre de l'un et de l'autre. C'est un peu comme quand on se fait couler un bain. On s'efforce alors de trouver le juste mélange entre l'eau chaude et l'eau froide.

Dans un tirage, cette carte peut nous demander de réfléchir sur la manière dont notre vie est équilibrée. Tous les éléments qui la composent fonctionnent-ils en harmonie ou certains domaines réclament-ils davantage d'attention ?

La Tempérance en situation

La Tempérance apparaît souvent dans un tirage pour nous demander d'évaluer l'équilibre de notre vie. Parfois, certains pans de notre vie devraient être mieux harmonisés. Cela peut concerner une personne très concentrée sur sa carrière professionnelle, au point d'affecter sa vie de famille. Mais également un individu qui consacre trop d'énergie à faire la fête au point de voir sa capacité à travailler ou étudier réduite par le manque de sommeil.

Il est important de comprendre que la Tempérance ne nous demande pas de mettre un terme aux activités excessives. Cette carte nous suggère simplement de retrouver un équilibre. Par exemple, la Tempérance en rapport avec la consommation de nourriture ou d'alcool ne nous conduit pas à l'abstinence.

La carte nous suggère simplement de réduire cette consommation. Il en va de même avec l'indulgence par exemple. La carte nous dit ici que trop d'indulgence peut nuire à l'équilibre du sujet.

Dans certaines situations, la Tempérance tient à l'association des individus. Elle peut signifier que c'est le bon moment pour réunir des groupes différents ou présenter son nouveau partenaire à ses amis ou à sa famille.

La Tempérance incarnée

La Tempérance peut décrire quelqu'un dont le style de vie est équilibré. Dans le meilleur des cas, cette personne fait le nécessaire pour avoir une vie professionnelle et une vie sociale saines, sans que l'une prenne le dessus sur l'autre. Si dans la vie quotidienne, cette personne n'a pas forcément une alimentation parfaitement équilibrée, elle considère que se faire plaisir en quantité raisonnable n'est pas préjudiciable. En période de crise, la personne Tempérance ne réagit pas forcément tout de suite. Elle réfléchit à une réponse et sait être patiente pendant les moments difficiles.

Bien que cet état constitue une forme de panacée, la personne qui l'atteindrait serait presque trop parfaite pour être vraie. On sait très bien que respecter les limites de vitesse garantit la sécurité des automobilistes, ou qu'une nuit de sommeil est préférable à une nuit blanche, mais tout respecter au pied de la lettre peut finir par être quelque peu ennuyeux.

La Tempérance et vous

- Votre mode de vie est-il équilibré ?
- Quel secteur de votre vie devez-vous tempérer ?
- Connaissez-vous quelqu'un qui incarne la Tempérance, dont la vie est en parfait équilibre ?
- Quels sont les domaines de votre vie qui tireraient avantage à être rééquilibrés ?

Mots-clés

Modération, équilibre, mélange parfait, patience, terrain d'entente.

La carte à l'envers : *déséquilibre, impatience, excès, discorde, indulgence.*

Le Diable

Comme la Mort, le Diable est une carte troublante pour les taromanciens débutants ou les clients. Rien de surprenant d'ailleurs, lorsque l'on prête attention à la manière dont cette carte est généralement illustrée. Que la carte de votre jeu montre un diable gros et poilu directement inspiré de la chrétienté ou un démon plus original, cette carte est l'une des plus difficile du jeu à accepter.

Le tarot agit comme un miroir. Ce que reflète un miroir n'est pas forcément brillant et positif. Certaines cartes, comme le Diable, nous aident à conserver un équilibre dans le jeu parce qu'après tout, nos expériences sont diverses et variées, négatives et positives.

Bien que le Diable puisse apparaître comme laid, voire effrayant, il est important de se rappeler que ce n'est pas une force exogène qui n'a rien à voir avec nous. Bien au contraire, c'est l'illustration de nos laideurs et de nos déséquilibres, ces pans de notre personnalité que nous peinons à reconnaître, notre matérialisme, notre égoïsme ou nos désirs malsains. En résumé, il représente notre désir de servir notre ego à tout prix.

Le Diable n'est pas une carte dont il faut avoir peur dans la mesure où nous avons tous un lien, fort ou non, avec les tentations de la vie moderne et avec nos instincts primaires. Cette carte est un composant indispensable du panorama dressé par le tarot. Elle peut nous rappeler que nous sommes en déséquilibre et que nous nous sommes laissé piéger par nos désirs les plus sombres.

Le Diable en situation

En situation, le Diable suggère des besoins qui peuvent nous accaparer et nous empêcher de conserver un contrôle sain de notre vie. Cela peut être en lien avec la nourriture, l'alcool, le sexe ou une carence affective, par exemple. Rien de tout cela n'est mauvais, lorsqu'on les considère avec modération. Si par contre, on sent que l'un d'eux prend le contrôle, cette carte apparaîtra dans le tirage.

Dans certains cas, le Diable décrit un partenaire malsain. Au pire, il peut évoquer une relation abusive, mais le plus souvent il met en évidence un attachement dangereux. Ce qui est intéressant c'est que nous en sommes souvent conscients mais nous préférons délibérément rester dans la toxicité de la relation. Le Diable ne nous tient pas prisonnier. C'est en toute conscience que l'on s'enchaîne, quelles que soient les conséquences destructrices qu'un tel comportement implique.

Le Diable apparaît également pour représenter l'aspect matériel de la vie. Il ne se réfère pas à l'argent ou aux possessions matérielles en tant que tels, mais davantage au statut qu'ils confèrent ou au vide qu'ils viendront remplir, selon la perception que l'on s'en fait.

Le Diable incarné

Le Diable peut décrire un manipulateur. Rappelez-vous que cette carte est en lien direct avec la tentation et la séduction. La personne ainsi représentée pourra donc être d'une nature charmante, charismatique et séduisante. Tous les Diables ne sont pas forcément laids. C'est même probablement le contraire. Leur laideur est intérieure et ne se dévoilera que si nous sommes pris dans leur piège.

Cette carte peut nous parler d'une personne manipulatrice, mais aussi d'une personne qui se laisse aisément manipuler. Bien qu'elle puisse décrire des sujets qui se sont laissé piéger par le matérialisme, le consumérisme et la nécessité de briller par son statut, le Diable peut aussi évoquer une personne qui a succombé à un mode de vie déséquilibré et malsain.

Le Diable et vous

- Quel désir pourrait être déséquilibré et représenté par le Diable ?
- Connaissez-vous quelqu'un considéré comme malsain, mais auquel vous continuez d'être attaché ?
- Avez-vous un manipulateur dans votre entourage ?
- Qu'est-ce qui vous empêche de prendre vos distances avec cette personne ?

Mots-clés

Tentation, séduction, manipulation, matérialisme, addiction, luxure.

La carte à l'envers : *liberté, indépendance, abandon des relations malsaines.*

La Tour

Rares sont les choses qui demeurent identiques. C'est même le changement qui permet au monde de tourner. Par contre, lorsque le changement se produit de manière inattendue, on peut avoir la sensation de perdre le contrôle et d'être tout à coup vulnérable.

La Tour est une carte précédée par sa réputation. Elle est généralement illustrée par une scène de chaos et de destruction. La plupart d'entre nous serions prêts à accueillir le changement les bras ouverts si toutefois il nous est permis de nous y préparer. Mais la Tour ne nous le permet pas. Si nous avons pu nous inquiéter de la perspective d'un bouleversement, l'arrivée explosive de la Tour est encline à nous y confronter sans crier gare.

Lorsqu'on pense à une tour, on imagine un édifice haut et solide. Ce n'est pourtant pas la construction en elle-même qui assure la sécurité. Si les fondations sur lesquelles elle repose ne sont pas solides ou sont mal conçues, notre tour ne sera pas protégée contre les agressions.

Si la Tour est une carte particulièrement redoutée, elle n'est pourtant pas tout à fait négative. Des changements inattendus pourront en effet nous aider à aller de l'avant, surtout si c'est la peur ou le contrôle qui nous ont interdit d'y céder jusque-là.

La Tour en situation

Aucun doute sur le fait que la Tour peut faire des ravages dans votre vie quotidienne. Elle peut faire trembler le sol sous vos pieds et mettre votre monde sens dessus dessous. Ainsi, si la carte apparaît dans un tirage, c'est un signe qu'il convient d'écouter pour vous préparer aux changements qu'elle augure. Par exemple, si la Tour apparaît tandis que vous vous interrogez sur l'avenir de votre relation amoureuse, la carte peut vous conseiller d'évaluer la solidité de ses fondations. Si la relation est quelque peu distendue, une discussion avec le partenaire peut aider à affronter la prochaine tempête. Lorsqu'il est question de décrire le présent, la Tour peut décrire la tourmente actuelle ou le changement rapide et inattendu qui nous déséquilibre. Si nous subissons les effets de la Tour, alors la carte peut nous demander d'essayer de reconstruire ce qui a été perdu. Il peut être nécessaire de travailler sur une relation ou une situation ou, dans le pire des cas, d'accepter qu'elle soit terminée.

Prendre du recul est un réflexe salvateur. Après coup, une expérience peut apparaître plus bénéfique qu'elle ne l'a été quand vous l'avez vécue. La Tour peut aussi être appréhendée comme une prison : une situation ou une relation qui fait trop peur pour essayer de s'en échapper. Dans ce cas, l'inévitable se produit et nous sommes contraints de vivre le changement.

La Tour incarnée

La Tour peut décrire une personne considérée comme instable. Contrairement au Fou qui est insouciant et optimiste, la personne décrite par la Tour peut être sujette à des débordements ou être incapable de faire face à une situation conflictuelle. Des crises peuvent en découler, comme un comportement erratique ou agressif.

Cette carte peut décrire une tête brûlée, capable d'aller jusqu'à l'extrême lorsqu'on le pousse dans ses retranchements. C'est un personnage imprévisible, il est donc difficile d'anticiper ses réactions.

La Tour et vous

- Avez-vous rencontré une personne incapable de dépasser une confrontation ? Une relation qui n'aurait pas survécu à une situation instable ?
- Vous souvenez-vous d'un changement qui a ébranlé votre stabilité personnelle mais qui s'est avéré être une bénédiction *a posteriori* ?
- Comment l'absence de changement peut-elle vous retenir prisonnier ?
- Connaissez-vous une personne qui pourrait représenter la Tour ?

Mots-clés

Changements inattendus, chaos, perturbations, choc, structures vulnérables.

La carte à l'envers : *libération, capacité à prendre un nouveau départ, à suivre le courant.*

L'Étoile

Si toutes les cartes ont des attributs positifs et négatifs, certaines d'entre elles évoquent davantage la lumière que l'obscurité. C'est le cas de l'Étoile, une carte résolument positive.

Considérant sa position dans les arcanes majeurs, l'Étoile est généralement associée à l'espoir. Cela fait sens si l'on réfléchit aux cartes qui la précèdent. Après avoir frôlé la Mort, avoir rencontré le Diable et être tombé de la Tour, il est tout naturel que l'espoir constitue l'étape suivante. Cette carte est souvent représentée par une énergie douce et féminine. C'est la petite lumière au bout du tunnel et beaucoup la considèrent comme une carte agréable et réconfortante dans un tirage.

L'Étoile est fréquemment liée aux souhaits et aux rêves. Nombre d'entre nous reconnaîtront le lien entre les espoirs et les étoiles et cette carte nous rappelle qu'il existe une place pour le rêve, indépendamment des difficultés à imaginer que les choses peuvent aller en s'améliorant.

L'Étoile en situation

L'Étoile est un phare d'inspiration et la promesse d'une joie à venir. Durant les périodes difficiles, il peut paraître plus simple d'abandonner que de s'accrocher à ses espoirs et ses vœux pieux. La crainte de la déception ou d'être de nouveau blessé ayant tendance à nous freiner, l'Étoile nous rappelle de ne jamais abandonner. C'est en refusant de regarder dans sa direction que l'on se prive de la lumière qui brille en nous.

Que serait la vie sans espoirs ni rêves ?

Lorsque cette carte se présente dans un tirage, elle est là pour nous rappeler qu'il existe toujours un chemin pour aller de l'avant. Sa lumière nous invite à regarder vers l'avenir, car le passé qui s'est envolé ne reviendra pas. L'opération s'avère peut-être compliquée dans la mesure où la foi seule peut paraître insuffisante. Mais l'Étoile nous rappelle combien elle est fondamentale.

Dans certains cas, l'Étoile concernera simplement l'inspiration. Elle représentera une idée qui perce et illumine un projet créatif ou agence les pièces d'un puzzle qui, jusque-là, pouvait créer de la confusion.

L'Étoile incarnée

L'Étoile décrit une personne qui a foi en l'avenir. Elle peut avoir des convictions religieuses ou spirituelles, mais ce n'est pas une obligation, cette carte représentant n'importe qui dès l'instant où cette personne est capable de regarder au-delà des difficultés actuelles et croit résolument en la possibilité d'un monde meilleur.

L'Étoile peut représenter un guide de quelque nature que ce soit, un astrologue, un conférencier ou un coach en développement personnel. Cette personne nous aide à trouver la lumière dans l'obscurité, à emprunter le chemin de l'espoir alors qu'il semble ne pas exister.

En position difficile, cette carte pourrait décrire un individu aux perspectives pessimistes. Il peut avoir perdu la foi après avoir affronté une situation difficile ou être incapable de voir les opportunités lorsqu'elles se présentent. Des conseils et un nouveau départ pourraient être à sa portée mais son incapacité à formuler un espoir l'empêche de les voir.

L'Étoile et vous

- Quelle est la croyance ou la foi qui vous pousse à continuer ?
- Croyez-vous que les souhaits se réalisent ?
- Connaissez-vous quelqu'un comme l'Étoile qui est toujours plein d'espoir, quelles que soient les épreuves ?
- À quel point est-il difficile pour vous aujourd'hui de vous en remettre à vos espoirs ?

Mots-clés

Espoir, inspiration, conseils, souhaits, lumière au bout du tunnel.

La carte à l'envers : *manque d'espoir, pessimisme, souhaits irréalistes.*

La Lune

La Lune est d'une grande beauté. En tant que symbole, elle est liée aux déesses et sa nature est féminine et particulièrement séduisante. Cela étant, au clair de lune les choses ne sont pas aussi simples à comprendre.

Lorsque cette carte se présente dans un tirage, certains aspects de la vie peuvent être plus difficiles à comprendre et peuvent nous désorienter. Sous la lumière de la lune, on peut avoir des difficultés à différencier ce qui est vrai de ce qui ne l'est pas. Vous est-il déjà arrivé de vous réveiller la nuit et de prendre des ombres pour des monstres ou de vous demander où vous êtes ? Lorsque la Lune apparaît dans un tirage, on peut avoir des difficultés à appréhender des faits relatifs à une situation déterminée.

Même si cette carte est traditionnellement associée à la confusion, cela va bien au-delà. C'est sous la lumière de la lune que l'on profite des bénéfices de l'obscurité. Cette carte nous encourage à regarder au-delà de ce que la lumière du jour nous donne à voir et, dans certains cas, à utiliser l'inspiration trouvée dans le monde de nos rêves. Cette carte peut offrir une perspective différente sur le monde, parfois curieuse ou obscure, mais qui peut éclairer bien des situations lorsque l'on prend le temps nécessaire à l'introspection et à l'expression de sa créativité. Pour certains, plonger au plus profond de leur psyché pourra être infiniment bénéfique.

La Lune en situation

Lorsqu'elle décrit une situation, la Lune nous prévient que les choses ne sont pas nécessairement ce qu'elles paraissent être. L'énergie de cette carte ressemble au voile de brume qui recouvre une vérité.

Il est important de comprendre que notre vision des choses peut être erronée. On peut ignorer la réalité des choses et se laisser berner. Si vous ne savez pas comment réagir, il est peut-être plus prudent de se laisser le temps de la réflexion. Comme pour toutes les autres cartes, son influence est temporaire, on peut donc décider de remettre à plus tard les décisions importantes, à un moment où la situation sera plus claire pour vous.

Sous une lumière positive, la Lune peut nous demander d'analyser nos sentiments. Nous pouvons être dépassés par nos réactions face à certaines situations et un peu de compréhension de soi peut être hautement bénéfique. Bien que difficile, cette carte peut nous demander d'explorer ce qui est terré au fond de nous et que nous avons du mal à affronter. Ce n'est bien évidemment pas une mince affaire et, dans certains cas, cela peut être même douloureux. Si nous considérons que la résurgence d'émotions difficiles peut être utile mais troublante, cette carte nous encourage à faire appel à un professionnel qui nous portera assistance.

La Lune incarnée

La Lune décrit une personne qui aime creuser profondément au cœur de sa psyché et de celle des autres. Cela peut être un individu qui n'apprécie guère les conversations superficielles et leur préfère les échanges profonds et chargés de sens. Ce « psychologue amateur », cet individu qui aime comprendre le fonctionnement des autres, peut être indiqué par cette carte lorsqu'elle apparaît dans un tirage.

Bien évidemment, la Lune peut aussi décrire des personnes qui cherchent à nous tromper. Si cette carte dépeint un individu que nous connaissons, il est fort probable que cette personne ait quelque chose à cacher. Cette carte peut donc confirmer les suspicions que nous avons à son égard.

Tous les individus signifiés par la Lune ne sont pas des escrocs, loin s'en faut. Dans la mesure où cette carte peut indiquer une expansion de notre imagination, les artistes, les poètes et les acteurs pourront être concernés. Dans le cas d'un acteur par exemple, ce métier consiste à convaincre un public qu'il incarne une personne différente de celle qui se présente sur scène. C'est donc une illusion, mais c'est ce qui fait le jeu de l'acteur et cela n'a rien de négatif.

La Lune et vous

- Quels masques portez-vous devant les autres ?
- Vous souvenez-vous d'une époque de votre vie où votre vision d'ensemble n'était pas nette et où vous étiez incapable de voir les choses telles qu'elles étaient ?
- Dans quelle mesure êtes-vous à l'aise avec votre passé et vos sentiments profonds ?
- Connaissez-vous quelqu'un qui a tendance à berner les autres ?

Mots-clés

Déception, insécurité, confusion, imagination, émotions, énergie féminine.

La carte à l'envers : *clarté, vision d'ensemble, démasquer un escroc.*

Le Soleil

Alors que la Lune a une énergie résolument féminine et souvent associée aux déesses, le Soleil, lui, est intrinsèquement masculin. Les deux cartes sont intimement liées. Là où la Lune cherche à dissimuler, le Soleil aspire à révéler.

Le Soleil est une carte chaude et positive qui est bienvenue dans la plupart des tirages. Il suffit de penser à l'exaltation que provoque le simple fait de regarder le soleil briller dans le ciel au petit matin ou à la merveilleuse sensation que procurent les caresses de ses rayons sur notre peau, pour que la positivité de cette carte prenne tout son sens. En termes de bien-être émotionnel et psychologique, cet élément est essentiel.

Le Soleil nous permet de voir les choses clairement. S'il peut donner un coup de pouce naturel à notre santé, il montre aussi les domaines de notre vie qui sont plus difficiles à appréhender. Imaginez par exemple une pièce obscure subtilement traversée par un rayon de soleil : chaque détail de la pièce, chaque grain de poussière apparaît alors distinctement. Dans cet exemple, cette carte « éclaire » les choses qui restaient tapies dans l'ombre jusque-là.

Le Soleil en situation

Le Soleil peut suggérer une période de chaleur et d'exubérance. On l'associe généralement à la victoire et au succès. Si vous avez travaillé pour atteindre un objectif, cette carte apparaîtra comme une récompense, vous autorisant à vous sentir fier de ce que vous avez réalisé et à le célébrer avec votre entourage. Si vous avez traversé une période difficile, la promesse de jours meilleurs et d'une vitalité retrouvée pointe à l'horizon lorsque cette carte se présente dans un tirage. D'une manière générale, quel que soit l'objet de votre lecture, le Soleil apporte toujours une lumière positive sur le sujet concerné.

Bien que le Soleil puisse naturellement améliorer notre humeur, rappelons-nous cependant qu'il ne choisit pas ce qu'il révèle. Si vous avez cherché à cacher quelque chose et si cette carte apparaît dans un tirage, toute la lumière sera faite, pour le bon comme pour le moins bon. Peu importent les efforts produits pour dissimuler les choses, le Soleil est le symbole de la vérité qui sera bientôt révélée.

Le Soleil incarné

Lorsqu'il décrit une personne, on aurait tendance à penser à quelqu'un en bonne condition physique. Cette carte peut décrire quelqu'un de fort et de sain, qui aime être dehors lorsqu'il fait beau, qui peut travailler dans un cadre touristique par exemple. Si l'on met de côté les attributs physiques, cette carte nous parle d'une personne à l'attitude résolument positive et qui a confiance en elle. Elle aura tendance à regarder la vie du bon côté.

Lorsque le Soleil est inversé, c'est une carte qui peut augurer de difficultés. Les attributs positifs d'une personne peuvent se manifester sous les traits de l'arrogance et de l'égoïsme. Cela peut être une personne « trop belle pour être vraie » ou qui pense être plus importante que les autres. On la retrouve accumulant les *selfies* sur les réseaux sociaux, désireuse de montrer au reste du monde à quel point elle pense être sensationnelle. C'est une personne qui aime être regardée et qui refuse de se cacher dans l'ombre.

Le Soleil et vous

- Avez-vous besoin de passer plus de temps à l'extérieur, pour votre santé émotionnelle et physique ?
- De quoi êtes-vous fier en ce moment ?
- Quelle est la différence entre la confiance en soi et l'arrogance ?
- En quoi êtes-vous optimiste lorsque vous pensez à l'avenir ?

Mots-clés

Santé, vitalité, vérité, succès, énergie masculine, confiance, positivité, célébrité.

La carte à l'envers : *sentiment d'infériorité, arrogance, vanité, malaise.*

Le Jugement

Certaines cartes du tarot indiquent un changement. Pour certains, ces cartes peuvent être effrayantes dans la mesure où elles peuvent apparaître et bouleverser le cours de la vie sans crier gare. Le Jugement fait partie de ces cartes, signes avant-coureurs d'un changement. Elle permet cependant de décider de la manière dont ce changement va impacter votre vie et du moment où il aura lieu.

Beaucoup voient le Jugement comme une carte appelant à l'action. Lorsqu'elle apparaît dans un tirage, elle invite cependant à considérer quelque chose d'important. Si on l'envisage dans un panorama plus large, cette carte évoque un changement significatif dans votre vie et les conséquences qui en découlent. Il faut la considérer comme une sonnette d'alarme cosmique, vous encourageant à évaluer objectivement votre chemin de vie.

En général, cette carte concerne un moment d'évaluation où l'on vous rappelle que le changement est nécessaire. Elle vous demande de réfléchir à ce dont vous pouvez vous débarrasser et à ce qui continue d'être utile pour le chemin qui reste à parcourir. Si cette révélation peut sembler d'inspiration divine, la réalisation effective de cette transformation est entre vos mains. Vous êtes seul à décider de la manière dont la mutation va s'opérer et du moment où elle aura lieu.

Le Jugement en situation

Lorsque le Jugement décrit une situation, il est souvent question d'autoévaluation. Le nom de cette carte peut avoir une connotation péjorative si l'on considère le jugement dans son sens négatif. En réalité, le jugement suggéré par cette carte dépend de notre propre vision de la situation.

Pour certains, cette carte peut ouvrir une tout autre voie. Elle peut être l'annonce d'une nouvelle opportunité de carrière qui nous conduit à réfléchir à l'enthousiasme dont nous faisons preuve à l'égard du poste occupé actuellement.

Cette carte peut aussi braquer son projecteur sur un nouveau programme d'études. Les idées suscitées pas le Jugement ne sont pas toujours révélatrices. Dans de nombreux cas, c'est le simple fait de raviver une idée que l'on a déjà eue ou de nous inviter à réfléchir sur la situation que nous vivons.

Toutes les révélations n'amènent pas obligatoirement à prendre des décisions aussi radicales qu'un changement de carrière ou une rupture dans une relation. La maladie peut par exemple nous encourager à opter pour un nouveau régime ; on peut aussi décider de changer de prestataire si l'on n'est pas satisfait des services rendus par l'entreprise précédente.

Le Jugement incarné

Lorsque le Jugement décrit une personne, on peut y voir une connotation négative. Personne n'aime être jugé, et cette carte peut faire allusion au jugement dont nous faisons l'objet. Si elle peut évoquer les personnes impliquées dans un cadre juridique dont le métier est d'arbitrer, elle peut aussi parler de ceux qui considèrent que leur avis vous est utile. Dans le meilleur des cas, leur avis pourra vous servir en ce qu'il vous permettra de provoquer des changements nécessaires dans votre vie. Il n'y a cependant pas de place pour les critiques malsaines ou les condamnations dans le cadre d'une relation amoureuse ou d'une amitié.

Dans le meilleur des cas, le Jugement décrit une personne qui a conscience de ce qu'elle est, et cette évaluation de soi doit être constructive. Il est important de savoir ce en quoi on pourrait se tromper, mais l'autoévaluation permanente peut devenir malsaine, voire narcissique. De même, la prise de conscience de nos problèmes est importante, mais ne sera utile qu'à condition d'agir en conséquence.

Le Jugement et vous

- Pensez à quelque chose de votre passé qui vous a amené à reconsidérer votre chemin de vie.
- Dans quelle mesure jugez-vous les autres ?
- Quels sont les changements que vous estimez maîtriser ?
- Le pire est-il d'être jugé par les autres ou par soi-même ?

Mots-clés

Jugement, évaluation, appréciation, changement de vie, autocritique saine.

La carte à l'envers : *jugement négatif, manque de conscience de soi, autocritique malsaine.*

Le Monde

Voici la dernière carte des arcanes majeurs. Elle est donc naturellement liée à l'achèvement d'un cycle.

Les représentations de cette carte varient d'un jeu à l'autre mais nous sommes tous d'accord sur le fait qu'elle est synonyme de fin. Contrairement à la fin inattendue évoquée par la Mort ou l'issue négative d'un résultat, cette carte suggère la résolution positive d'une situation. Quelle que soit la thématique concernée (études, travail ou relations), elle indique une issue harmonieuse plutôt qu'un échec ou une fin difficile.

Certains cartomanciens associent cette carte au voyage. Tandis que certains arcanes mineurs nous parlent de petits déplacements, le Monde peut effectivement évoquer un grand voyage, voire l'installation dans un nouveau pays. Grâce aux technologies, nous sommes mieux connectés au reste du monde que nous ne l'avons jamais été. Si l'achèvement dont nous parle cette carte constitue une étape de notre chemin, le Monde peut nous rappeler que nous ne sommes qu'un au milieu des autres.

Le Monde en situation

En tant que situation, le Monde suggère l'aboutissement d'une étape importante de notre vie. Par exemple, cela peut être l'examen final en vue de l'obtention d'un diplôme ou un mariage qui a été planifié durant toute l'année et qui va avoir lieu sous peu.

Si le Monde est une carte de conclusion, il est important de se rappeler que le cycle de la vie continue. Une fois diplômé, l'étudiant peut s'engager sur le chemin de nouvelles études ou emprunter celui du monde du travail. De même, après un mariage, le couple peut s'engager sur un nouveau cycle : déménager dans une nouvelle maison ou avoir un enfant, par exemple. On ne retourne donc pas à la case départ, mais on entame une nouvelle étape qui élargira un peu plus le champ de nos compétences et de notre compréhension des choses.

Une fois franchi le seuil du Monde, nous ne serons jamais plus ce que nous étions auparavant. Cette carte peut décrire une promotion au travail par exemple. Lorsque le Monde occupe une position difficile, nos projets pourraient subir des retards ou des revers. Cela ne veut pas dire que nous n'atteindrons pas nos objectifs, mais que nous mettrons peut-être un peu plus de temps pour y parvenir.

Le Monde incarné

Cette carte décrit un individu expérimenté et qui connaît le monde. Son âge importe peu, mais c'est une personne qui a beaucoup voyagé ou qui a accumulé une quantité respectable d'expériences de vie. Des événements importants de la vie ou des récompenses reconnaissables peuvent en faire partie.

Dans certains cas, la carte peut décrire un individu dont le métier est en lien avec le voyage. Cela peut être un agent de voyages, un globe-trotter ou un étudiant qui prend une année sabbatique pour faire le tour du monde.

Sur un plan général, la carte met en évidence ceux qui ont travaillé dur pour atteindre leurs objectifs. Dans la mesure où le Monde équivaut à la ligne d'arrivée d'une course, cette carte reconnaît non seulement les résultats obtenus, mais aussi les efforts déployés pour parvenir jusque-là. Lorsque cette carte occupe une position difficile, elle peut nous parler d'un individu qui aura tendance à renoncer à la moindre difficulté. De même, une personne qui a réussi sans avoir fait d'efforts peut être désignée par cette carte en position inversée.

Le Monde et vous

- Êtes-vous sur le point de réaliser quelque chose ?
- Pensez à un cycle de votre propre vie que vous avez achevé avec succès.
- Connaissez-vous quelqu'un qui connaît le monde ou qui a beaucoup voyagé ?
- Quelle est l'importance pour vous de terminer quelque chose ?

Mots-clés

Achèvement, fin d'un cycle, nouveau départ, succès, voyage international.

La carte à l'envers : *sentiment d'être coincé, revers, succès non mérité, manque d'effort.*

3

LES ARCANES MINEURS

Les arcanes mineurs sont composés de cinquante-six cartes. Elles complètent les arcanes majeurs en ajoutant à la lecture des détails du quotidien. Si une carte des arcanes majeurs peut prévenir d'une transformation importante à venir, les cartes des arcanes mineurs indiquent la manière dont ces changements vont s'opérer.

Quatre suites de quatorze cartes composent les arcanes mineurs : les Bâton, les Coupe, les Épée et les Denier. Chaque suite est connectée à un élément, respectivement au Feu, à l'Eau, à l'Air et à la Terre. On trouve quatre cartes de cour dans chaque suite : *Valet*, *Cavalier*, *Reine* et *Roi*.

Bâton	Feu	△
Coupe	Eau	▽
Épée	Air	🜁
Denier	Terre	🜃

BÂTON

As de Bâton

L'As de Bâton est la carte des nouveaux départs. Appartenant à la suite des Bâton, cette carte est associée à l'élément Feu. Elle embrasse le champ de la créativité et des efforts passionnés, tant sur le plan personnel que professionnel.

Quand on pense à la passion, on imagine un feu incandescent, hors de contrôle et brûlant sans relâche. Cela peut évidemment faire sens, mais on oublie trop souvent que tous les feux commencent par une petite étincelle. Dans la suite des Bâton, l'étincelle c'est l'As. La personne qui reçoit cette carte n'a peut-être pas encore « mis le feu au monde », mais elle a déjà une idée relativement claire de la manière d'y parvenir.

L'As de Bâton porte en lui le potentiel des nouveaux chemins. Il peut se manifester par une idée nouvelle, une étincelle entre deux personnes ou l'élan nécessaire au démarrage d'une activité.

L'As de Bâton en situation

Lorsque l'As de Bâton décrit une situation, il peut concerner une nouveauté dans votre vie. Grâce à la créativité du Feu, il peut s'agir d'un projet artistique, mais d'une manière générale il sera question du début d'une réalisation qui stimule l'intérêt et l'enthousiasme.

L'As est la première carte de n'importe quelle suite. Cela suggère qu'il ne s'agit là que du premier pas qui conduit à un objectif. Si l'As de Bâton nous invite à investir de l'énergie dans un domaine que nous estimons important, il faudra travailler dur pour arriver à nos fins. Sans un peu d'huile de coude, l'As de Bâton ne sert pas à grand-chose.

L'As de Bâton incarné

La personne décrite par l'As de Bâton est passionnante à côtoyer. Elle fait preuve d'un enthousiasme typique de la jeunesse et ce, quel que soit son âge. C'est une personne imaginative et excitante. Elle peut être créative ou artiste et souhaite suivre de nouvelles pistes.

Dans les relations personnelles, l'As de Bâton peut représenter l'étincelle qui attire deux personnes. Lorsqu'il désigne un individu, il peut nous parler de pulsion brute et d'excitation sexuelle. Cette carte peut aussi décrire des pulsions qui sont significatives dans un tirage et, par conséquent, elle peut être associée à des rencontres de nature passionnelle ou à la réalisation des désirs de la personne venue consulter les cartes.

L'As de Bâton et vous

- Qu'est-ce qui vous passionne et vous excite en ce moment ?
- Connaissez-vous une personne jeune de caractère, passionnée et enthousiaste (quel que soit son âge), comme celle décrite par l'As de Bâton ?
- Quel effort physique serait nécessaire pour exaucer vos rêves et atteindre vos objectifs ?
- En quoi la flamme de la passion de l'As de Bâton reflète-t-elle vos relations personnelles ?

Mots-clés

Nouveaux départs passionnants, dynamisme, inspiration, pulsions sexuelles.

La carte à l'envers : *manque de motivation, énergie bloquée, impuissance masculine.*

Deux de Bâton

Le Deux de Bâton est une carte de prévision. À partir du moment où vous avez décidé de l'endroit où aller, cette carte vous aidera à y parvenir.

Le Deux de Bâton s'intéresse à la planification de l'avenir. Il est question de se saisir d'une idée, d'une inspiration ou d'un désir, et de décider de faire ce qu'il faut pour le réaliser. Il peut s'agir d'examiner les obstacles susceptibles de poser des problèmes ou de s'assurer que nous disposons des ressources ou du soutien nécessaires avant de lancer un projet. Lorsque cette carte apparaît dans un tirage, elle nous encourage à faire les premiers pas vers la réalisation d'un rêve ou la planification physique d'un voyage. Dans certains cas, cette carte indiquera en effet un voyage ou un déménagement.

Deux de Bâton en situation

Lorsque le Deux de Bâton apparaît dans un tirage, il peut mettre en évidence le besoin de planification. Il peut suggérer que le temps de jeter les bases d'un nouveau voyage ou d'un nouveau projet est arrivé. Cette carte attire également notre attention sur la nécessité de prendre en considération tout ce qui sera nécessaire pour cette nouvelle aventure. Il peut par exemple être question de trouver une assurance pour le voyage ou encore d'obtenir les qualifications requises par une nouvelle carrière.

Avec le Deux de Bâton, il sera souvent question de la réalisation des objectifs, mais il peut aussi décrire le rapprochement de deux personnes qui cherchent à obtenir le même résultat. Sur le plan professionnel, cette carte peut nous parler de l'union de partenaires commerciaux. Sur le plan personnel, elle peut faire allusion à la complicité sexuelle d'un couple ou à leurs intérêts communs.

Le Deux de Bâton incarné

La personne décrite par le Deux de Bâton n'agit pas sur un coup de tête. Elle sait où elle va et, plus important encore, elle fait ce qu'il faut pour y arriver. Cet individu ne laisse pas de place à la chance quand il est question de son destin et s'assure que toutes les options sont bien prises en compte. La plupart du temps, il montre une remarquable capacité à planifier et à prévoir ce qui sera nécessaire à la réalisation de l'objectif. Néanmoins, il se peut que cet objectif ne soit pas atteint parce que le Deux de Bâton incarné est incapable de se détendre et de profiter du moment.

Le caractère du Deux de Bâton est celui d'un explorateur, excité par le futur et désireux d'élargir son horizon. Il peut arriver que ce personnage se sente confiné, coincé par une situation ou par son environnement, passant plus de temps à penser à ce qui pourrait être plutôt qu'à ce qui est réellement.

Le Deux de Bâton et vous

- En quoi le fait de penser à l'avenir vous aiderait-il en ce moment ?
- Prévoyez-vous un voyage ou envisagez-vous de déménager ?
- Connaissez-vous quelqu'un avec qui vous partagez un intérêt créatif commun ?
- Est-ce que le fait de planifier vous empêche de profiter de la spontanéité de la vie ?

Mots-clés

Planification, prévoyance, voyages, partenariat créatif, complicité sexuelle.

La carte à l'envers : *manque de planification, sentiment d'être coincé, disparition de l'étincelle qui anime une relation.*

Trois de Bâton

Avec le Trois de Bâton, on reçoit la récompense d'un effort fourni. Cette carte confirme que votre investissement et votre travail finissent par porter leurs fruits.

On se réfère souvent au Trois de Bâton comme à une carte qui suggère le retour sur investissement. La réponse ainsi reçue n'atteint peut-être pas la hauteur de vos espérances, mais c'est un premier pas vers la confirmation d'un accomplissement. Si vous avez l'impression d'avoir investi beaucoup d'énergie dans un projet ou dans une relation mais que vous ne voyez pas encore la récompense de vos efforts, cette carte peut vous rassurer. Les choses sont sur le point de changer.

Dans certains cas, cette carte nous parlera d'un visiteur venu de loin ou de l'arrivée d'un courrier important dans votre boîte aux lettres, un colis qui vient de l'étranger par exemple.

Le Trois de Bâton en situation

Un projet ou une relation prend souvent du temps pour décoller. Dès l'instant où l'on a défini une direction, il convient de s'employer à atteindre cet objectif. Mais les efforts ne paient pas toujours immédiatement et le retour ne se fait pas sentir rapidement. Ainsi, lorsque le Trois de Bâton apparaît dans un tirage, il nous indique que les choses ne tarderont plus à bouger.

Dans un cadre professionnel, le Trois de Bâton peut nous parler d'un paiement qui va bientôt se présenter sur notre compte bancaire ou de nouveaux clients qui apporteront du travail. Dans l'univers des technologies, cette carte peut signifier que la personne va faire l'objet d'un intérêt sur les réseaux sociaux ou que la popularité d'un profil professionnel va se développer.

Sur un plan personnel, le Trois de Bâton pourrait souligner les résultats d'un régime ou d'un programme d'exercices physiques. Quel que soit le domaine dans lequel vous investissez votre énergie, cette carte indique que les efforts seront récompensés si elle est placée dans une position qui parle d'avenir.

Le Trois de Bâton incarné

On a tendance à apprécier les personnes qui osent, qui tentent quelque chose pour faire avancer leur vie. La personne désignée par le Trois de Bâton a certainement travaillé dur pour en arriver là.

Le Trois de Bâton peut évoquer une personne qui s'est engagée dans sa carrière et qui, aujourd'hui, récolte les fruits de son travail. Mais cette réussite ne lui monte pas à la tête, elle reste humble et les pieds sur terre.

Il n'est pas rare de lire dans la presse des histoires de personnalités qui semblent être devenues riches et célèbres en moins de temps qu'il n'en faut pour le dire! En réalité nous ne sommes pas conscients des efforts et du travail que cette réussite sous-entend. La personne désignée par cette carte récompensée de ses efforts sait aussi qu'il lui reste encore beaucoup à parcourir avant d'atteindre le but qu'elle s'est fixé.

Le Trois de Bâton et vous

- Dans quel domaine vous êtes-vous investi dont vous attendez un retour?
- Comment pouvez-vous utiliser l'esprit de cette carte pour manifester vos désirs futurs?
- Si cette carte représentait un partenaire romantique, à quoi ressemblerait-il?
- Quels sont les efforts que vous avez produits dans le passé et dont vous récoltez aujourd'hui les fruits?

Mots-clés

Récompenses initiales, besoin de continuer, visiteurs étrangers, colis dans le courrier.

La carte à l'envers: *quelque chose ne se passe pas comme vous l'espériez, vous avez l'impression que vous n'allez nulle part.*

Quatre de Bâton

Au fil du temps, le Quatre de Bâton a acquis la réputation d'être la carte la plus chanceuse du jeu. Sans offrir la longévité d'autres cartes, elle augure d'une période stable et agréable.

Lorsque le Quatre de Bâton se présente dans un tirage, on peut avoir du mal à extrapoler sa lecture tant sa signification est puissante. Mieux vaut se souvenir que sa nature généreuse est de courte durée. Si, par exemple, cette carte nous parle d'un mariage (un aspect traditionnel du Quatre de Bâton) ou d'une lune de miel, elle ne décrit pas le mariage dans son intégralité. La carte nous rappelle qu'il reste du travail à accomplir.

Le Quatre de Bâton en situation

Le Quatre de Bâton peut donc apparaître lorsqu'il est question de mariage mais il peut aussi décrire n'importe quelle autre célébration. Il peut s'agir d'une promotion à la suite d'un travail difficile ou d'une cérémonie de remise de diplôme, par exemple.

Dans de nombreux cas, cette carte suggère ce que nous ressentons. Plutôt que de décrire des évènements spécifiques, elle nous dira par exemple que nous n'allons pas tarder à avoir un sentiment d'accomplissement et que le moment est bien choisi pour marquer une pause. Pour certains, cette carte indiquera des vacances. Pour d'autres, elle témoignera d'une période satisfaisante et rassurante.

En situation difficile, cette carte pourra décrire des éléments qui étaient censés apporter une satisfaction, mais qui n'ont pas été à la hauteur des attentes.

Le Quatre de Bâton incarné

Quand il nous parle d'une personne, le Quatre de Bâton suggère un individu au tempérament joyeux. Il envisage la vie du bon côté et apparaît en bonne santé et heureux des décisions qu'il prend. Lorsque l'on a affaire à une personne décrite par cette carte, on se sent en sécurité avec elle.

Du fait de la connexion entre le Quatre de Bâton et la notion de mariage, cette carte peut concerner les personnes qui organisent des événements. Elles possèdent le caractère passionné et enflammé de la suite de Bâton, qu'elles ont appris à mettre en œuvre dans le cadre professionnel.

Le Quatre de Bâton et vous

- Avez-vous le sentiment d'avoir accompli suffisamment de choses pour faire une pause ou prendre de courtes vacances ?
- Avez-vous un mariage ou un événement à organiser ?
- En quoi le sentiment de sécurité et de satisfaction des Quatre de Bâton évoque-t-il le vôtre ?
- Vous souvenez-vous d'une époque où l'organisation d'un événement vous a apporté plus de difficultés que de satisfactions ?

Mots-clés

Stabilité, mariages, évènements sociaux organisés, vacances après une période de travail acharné.

La carte à l'envers : *évènement annulé, sentiment d'épuisement, évènement ou vacances qui n'ont pas tourné comme vous l'aviez espéré.*

Cinq de Bâton

Le Cinq de Bâton est une carte de défi et d'instabilité. Souvent considérée comme une carte de lutte, elle décrit des moments où nous sommes confrontés à des obstacles et des défis.

Cela peut paraître déprimant, mais en réalité ça ne l'est pas. Dans la plupart des cas, ces obstacles du quotidien nous aident à grandir et à devenir plus forts. Nous devons faire preuve de résistance face aux épreuves pour faire ressortir le meilleur de nous-mêmes et c'est précisément le principe du Cinq de Bâton. Cette carte nous encourage à nous donner du mal et à nous souvenir de notre place dans le monde. Ce que vous faites dans la vie est aussi important que ce que font les autres. Se battre pour le démontrer est l'essence même du sens de cette carte.

Le Cinq de Bâton en situation

En raison de la nature combative de cette carte, le Cinq de Bâton désignera souvent des situations de compétition. Lorsqu'elle est tirée, c'est souvent parce que vous devrez prouver votre valeur face aux autres. Cette nécessité peut se manifester dans le cadre d'un entretien d'embauche par exemple, qui vous met à l'épreuve face à d'autres candidats. Dans un cadre personnel, cette carte peut décrire un groupe d'amis qui se bousculent pour attirer votre attention.

Le Cinq de Bâton désignera fréquemment un groupe d'individus œuvrant pour le même objectif. Ils peuvent par exemple avoir les yeux rivés sur la même récompense, mais montrer des difficultés à travailler ensemble et préférer aborder la tâche sur un plan individuel. C'est donc l'ego qui peut être décrit dans les grandes lignes de cette carte, puisque chaque personne impliquée dans le groupe pense que sa façon de faire est la plus pertinente.

Le Cinq de Bâton incarné

En tant que personne, le Cinq de Bâton décrit un individu compétitif de nature. Dans la mesure où l'élément Feu est synonyme d'énergie et de passion, cette personne peut être sportive, elle peut aimer se mettre au défi. De même, elle peut avoir une fibre artistique prononcée et souhaiter démontrer sa valeur créative auprès de ses contemporains.

Si le Cinq de Bâton met en évidence un adversaire, il peut nous parler d'une personne qui a tendance à se mettre systématiquement en travers de notre chemin ou qui représente des difficultés. Cela peut-être un collègue qui cherche toujours les problèmes plutôt que les solutions ou qui transforme une simple tâche en une insupportable corvée.

Dans la mesure où le Cinq de Bâton est une carte compétitive, dans une lecture personnelle elle peut décrire un rival qui cherche systématiquement à prouver qu'il est meilleur que les autres.

Le Cinq de Bâton et vous

- Dans quelle mesure êtes-vous compétitif ?
- Y a-t-il un groupe de personnes avec lequel vous avez du mal à travailler ?
- Quelles sont les difficultés que vous rencontrez actuellement, et pourquoi est-il important que vous continuiez à vous battre ?
- Pouvez-vous imaginer une situation dans laquelle il est plus utile de travailler avec un groupe plutôt que contre lui ?

Mots-clés

Concurrence, obstacles, rivalités, luttes.

La carte à l'envers : *éviter les conflits, manque de passion, travail d'équipe ciblé.*

Six de Bâton

Le Six de Bâton est toujours le bienvenu dans un tirage dans la mesure où il nous parle de succès. Quand il est question de l'avenir d'une relation ou du développement professionnel, on est heureux de voir apparaître cette carte dans un tirage.

Mais le Six de Bâton n'est pas uniquement synonyme d'une conclusion heureuse. Il nous parle aussi des difficultés qu'il faut surmonter pour y arriver. C'est pour cette raison que le goût de la victoire est si satisfaisant. Du temps et de l'énergie ont été investis pour mener à cet accomplissement.

Le Six de Bâton en situation

Le Six de Bâton décrit une réussite relative à des événements spécifiques. Cela peut être l'obtention du permis de conduire, un bon résultat à un examen ou un nouveau travail. Quel que soit l'objet auquel nous nous sommes consacrés, nos efforts sont récompensés.

Le succès lié au Six de Bâton peut parfois être couplé à la célébrité. Il peut suggérer que la personne va devenir célèbre pour ses compétences ou pour une récompense, mais sur un plan plus général, cette carte décrit la reconnaissance. Il peut s'agir des remerciements d'un patron pour le travail accompli ou la chance de voir son travail exposé en public.

Le Six de Bâton incarné

Le Six de Bâton suggère une personne qui a réussi, quelqu'un qui a engrangé les succès et qui peut être considéré comme un expert dans son domaine. Cela peut être un leader ou une personne qui a reçu de nombreux prix. Ce n'est pas pour autant qu'elle doit être bardée de diplômes ou de qualifications. Sa réputation ou son niveau d'expertise peuvent suffire.

Toutes les formes de reconnaissance s'expriment dans le Six de Bâton. Dans la société moderne, il peut s'agir d'une personne dont la célébrité est locale ou au contraire toucher au monde entier grâce à la puissance d'Internet. Sous une lumière négative, cette carte peut suggérer un succès résultant de peu de compétences ou d'un travail peu acharné, ou encore la responsabilité d'assumer un rôle de modèle.

Le Six de Bâton et vous

- Y a-t-il une récompense ou une reconnaissance récente que le Six de Bâton peut évoquer aujourd'hui dans votre existence ?
- Y a-t-il une personne, passée ou présente, qui est une source d'inspiration pour vous ?
- Que signifie le succès pour vous ?
- Quels sont les problèmes ou les difficultés récents que vous avez réussi à surmonter ?

Mots-clés

Succès, victoire, gloire, reconnaissance.

La carte à l'envers : *échec, égocentrisme, inconvénient de la célébrité, succès sans avoir œuvré pour l'obtenir.*

Sept de Bâton

Il arrive parfois que l'on ait la sensation que le monde entier est ligué contre nous. Nous connaissons tous ces journées au cours desquelles nous avons l'impression de lutter sans relâche.

Le Sept de Bâton est une carte d'obstacle et de défense. Dans un tirage, elle décrit des moments où nous devons nous affirmer et défendre nos positions. Cela peut se produire de différentes manières : les virages naturels de la vie peuvent être plus éprouvants que d'habitude ou bien vous pouvez être plus sollicité que de coutume, par exemple.

Malgré la personnalité de cette carte, elle suggère que nous sommes en bonne condition et que nous sommes capables de faire face. Le Sept de Bâton nous rappelle notre force et nous encourage à poursuivre nos efforts.

Le Sept de Bâton en situation

Le Sept de Bâton peut suggérer une multitude de choses qu'il convient de traiter et ce, tant sur le plan personnel que professionnel. Il peut être question d'assumer les responsabilités d'un travail à plein temps ou celles qu'impliquent notre famille ou nos amis.

Dans une position plus difficile, le Sept de Bâton peut décrire la défense en opposition à quelque chose d'important. Il peut être question de défendre vos enfants, votre opinion ou même votre réputation. Cette carte peut apparaître dans un tirage si l'on est confronté aux opinions des autres, par exemple.

Le Sept de Bâton incarné

En tant que personne, le Sept de Bâton peut décrire un combattant né. Cela peut être une personne qui ne laisse jamais les autres tirer profit d'elle. Ce sont des gagnants parce qu'ils croient en eux et aucune cause n'est trop grande ou trop petite qui ne mérite de se battre pour la défendre. C'est le genre de personnes qu'il est bon d'avoir à ses côtés, un individu qui défendra votre honneur sans jamais poser de question. À l'inverse, cela peut aussi devenir un adversaire difficile à battre. Le Sept de Bâton peut être incarné par un activiste compétent ou un remarquable avocat.

Dans une position difficile, le Sept de Bâton décrira une personne extrêmement sur la défensive. Elle pourra se sentir attaquée alors qu'en réalité, elle ne l'est pas ou prendre pour une critique ce qui, au départ, est un conseil amical avisé.

Le Sept de Bâton et vous

- Que pensez-vous devoir protéger en ce moment ?
- Réagissez-vous trop rapidement ?
- Dans quelles circonstances la défense est-elle la meilleure forme d'attaque ?
- Selon vous, qu'est-ce qui vaut la peine d'être défendu ?

Mots-clés

Défense, défense de soi, avantage, défis.

La carte à l'envers : *se sentir accablé, accepter la défaite, être sur la défensive.*

Huit de Bâton

Le Huit de Bâton est une carte de mouvement. Par la nature de l'élément Feu, il peut faire avancer rapidement une situation et libérer ce qui accuse un certain retard.

Lorsque le Huit de Bâton apparaît dans un tirage, il nous rappelle que quelque chose est en train de s'accélérer ou que des mesures sont prises pour que les choses avancent. Dans certains tirages, il peut être question de voyage et de déménagement.

Il est important de s'interroger sur ce que l'on ressent vis-à-vis de la vitesse lorsque cette carte apparaît dans un tirage. Si vous êtes en attente du démarrage de quelque chose ou que vous aspirez à une progression dans ce que vous faites, cette carte tombe à point nommé. On peut aussi aspirer à ce que le temps ralentisse. C'est le cas par exemple lorsque l'on est en vacances ou que l'on passe un moment agréable avec quelqu'un. Dans ces circonstances, on voudrait que le temps nous laisse savourer chaque instant. Certains préféreront se lancer progressivement dans un projet plutôt que d'entrer tête baissée dans la course. Lorsqu'il nous prend par surprise, le Huit de Bâton peut ressembler à une montagne russe.

Le Huit de Bâton en situation

Le Huit de Bâton peut avoir un effet accélérateur. Un message pourra arriver plus vite qu'escompté, une maison se vendra en un clin d'œil ou une *deadline* pourra apparaître bien plus proche qu'elle ne l'est en réalité. Si l'on a connu des revers et des retards, cette carte nous indique que les choses vont maintenant repartir dans le bon sens et que nous nous rapprochons un peu plus de la réalisation de nos souhaits.

Outre le fait de précipiter les situations, cette carte est également associée au voyage. Cela peut être un voyage en avion ou un déménagement, par exemple. Lorsque le Huit de Bâton apparaît dans un tirage, considérez sérieusement la thématique des vacances ou d'une échappée, même rapide. Cette carte peut évoquer un week-end improvisé, par exemple.

Le Huit de Bâton incarné

Le Huit de Bâton décrit toute personne en déplacement. Dans le cadre professionnel, il peut s'agir d'un coursier, d'un livreur ou d'un homme d'affaires en voyage. Si le thème du tirage est le genre de personne à passer son temps à courir - déposer les enfants, partir travailler, faire les courses, etc. - alors cette carte peut évoquer cette personne.

Un athlète pourra être représenté par le Huit de Bâton dans la mesure où cette carte reflète à la fois la volonté et l'habilité à se déplacer à grande vitesse.

Le Huit de Bâton et vous

- Vous aimez le mouvement et le changement ou vous trouvez cela troublant ?
- Prévoyez-vous un voyage ou des vacances en ce moment ?
- Si vous vous sentez bloqué dans un domaine de votre vie, que faudrait-il pour vous remettre en mouvement ?
- Connaissez-vous quelqu'un qui est constamment en mouvement et qui ne ralentit pas ? Quels sont les avantages et les inconvénients d'une telle situation ?

Mots-clés

Mouvement, vitesse, déplacement, relocalisation.

La carte à l'envers : *se sentir bloqué, retards, ne pas se sentir prêt à accepter et vivre le changement.*

Neuf de Bâton

Le Neuf de Bâton est une carte de persévérance et d'endurance. Elle nous rappelle toute la force que nous avons en réserve, que nous nous sentions mis à l'épreuve ou que nous ayons subi quelques déceptions au fil de notre vie.

Le Neuf de Bâton suggère que nous disposons de la force suffisante pour pouvoir compter dessus. Le stress de la vie quotidienne et les obstacles qui jonchent le chemin peuvent être épuisants mais cette carte nous encourage à tenir bon. Les choses sont presque abouties et il suffit d'un dernier effort pour que vous arriviez à l'objectif que vous vous étiez fixé.

Une question se pose lorsque cette carte apparaît. Elle nous demande à quel point il est important d'atteindre la fin. Dans certains cas, il est logique de continuer, dans d'autres on peut se demander si finalement nous ne nous sommes pas suffisamment battus. Dans l'esprit du Neuf de Bâton il est question d'une évaluation. Si le combat dans lequel on est engagé est digne des efforts que nous produisons, alors cette carte suggère que nous devons continuer.

Le Neuf de Bâton en situation

Le Neuf de Bâton s'intéresse au résultat des efforts fournis contre vents et marées. Dans certains cas, il peut être question de santé, suggérant que nous devons nous accrocher, même si on a tendance à laisser tomber. Dans d'autres, il décrit un voyage (physique, émotionnel ou psychologique) qui a été parsemé de revers, mais qui ne doit pas s'arrêter là pour autant.

Il y a un côté protecteur au Neuf de Bâton. Compte tenu de la quantité d'énergie déjà investie, cette carte prend en considération ces personnes et ces éléments que nous souhaitons défendre. Si vous avez été impliqué dans un projet dans lequel vous vous êtes profondément investi, cette carte peut vous conseiller de persévérer et de continuer à nourrir ce projet jusqu'à ce qu'il puisse voler de ses propres ailes. Artistes, réalisateurs de films et écrivains comprendront les étapes induites par la création d'un projet jusqu'à sa maturation.

Le Neuf de Bâton incarné

Le Neuf de Bâton décrit une personne qui fait preuve de dévouement et de persévérance. Elle ne sait pas ce que c'est de laisser tomber. Elle est toujours prête à aller de l'avant. Peu importe ce que la vie lui réserve, elle ne compte pas ses efforts.

La persévérance peut être une qualité admirable, mais lorsque cette carte est dans une position difficile, elle peut décrire une personne qui n'admet jamais la défaite même lorsqu'elle est évidente. Cela peut être un soldat blessé qui continue à avancer et à se battre pour une cause qui ne vaut plus la peine d'être défendue.

Si la personne décrite par le Neuf de Bâton croit en quelque chose, elle se battra jusqu'au bout. Les militants les plus virulents ont compris l'esprit de cette carte, dans la mesure où ils se sont battus bec et ongles pour leur cause, au prix de leur propre bien-être.

Le Neuf de Bâton et vous

- Vous souvenez-vous d'une époque au cours de laquelle vous avez surmonté l'adversité pour atteindre un objectif?
- Qu'implique le sacrifice selon vous?
- Comment pourriez-vous déterminer le moment où cela ne vaut plus la peine de se battre pour une cause?
- Connaissez-vous une personne qui s'est battue jusqu'au bout, même si cela a été difficile?

Mots-clés

Persévérance, dévouement, forces en réserve, attitude positive, défense.

La carte à l'envers: *défenses déficientes, abandons, faiblesse.*

Dix de Bâton

Le Dix de Bâton est traditionnellement considéré comme une carte de responsabilité. Elle peut peser lourdement sur celui qui l'endosse. Dans la plupart des cas, elle apparaîtra vers la fin d'un processus. La fin est proche et les conséquences sont déjà perceptibles.

Lorsque cette carte apparaît dans un tirage, elle parle d'un fardeau. C'est un peu comme si l'on se sentait surchargé et que l'on commençait à plier sous le poids des responsabilités qui nous incombent. Les « Bâton » de cette carte qui peuvent sembler accablants sont de plusieurs natures. Ces obligations auxquelles nous sommes confrontés ne sont peut-être pas épuisantes lorsqu'elles sont prises individuellement, mais c'est leur accumulation qui conduit à une surcharge difficile à supporter.

Le Dix de Bâton se demande comment il serait préférable de porter cette charge. Dans certains cas, cette carte peut suggérer de déléguer certaines tâches, voire d'en abandonner.

Le Dix de Bâton en situation

Le Dix de Bâton décrit l'aboutissement du devoir et de la responsabilité. Il se peut que nous nous sentions débordé par trop de tâches, que nous ayons plus de travail que d'habitude, par exemple : gérer la famille, avoir une vie sociale, une carrière, écouter les problèmes des autres, autant de responsabilités qui peuvent affecter notre bien-être et notre capacité à fonctionner normalement.

Dans un tirage, le Dix de Bâton ne se rapporte pas uniquement à la sphère physique. Des préoccupations émotionnelles peuvent conduire à se sentir accablé et impliquent que l'on s'en décharge d'une manière ou d'une autre. Parler avec un professionnel des problèmes qui nous préoccupent peut constituer un remède à cette surcharge. Lorsque le Dix de Bâton se présente dans un tirage, le vieil adage « un problème partagé est à moitié résolu » prend tout son sens.

Le Dix de Bâton incarné

La personne décrite par le Dix de Bâton a la sensation que le poids du monde pèse sur ses épaules. Bien qu'elle puisse être dépassée par ses problèmes et ses responsabilités, elle n'hésitera pas à y ajouter ceux des autres. Dans certaines situations, on pourra apprécier son soutien, mais la surcharge la conduira à plier sous la pression émotionnelle en voulant essayer d'être la personne sur qui l'on peut compter.

Le profil du Dix de Bâton est celui d'une personne qui est toujours prête à aider les autres. Il arrivera que sa personnalité soit cependant aussi lourde à porter que la charge qu'elle porte sur ses épaules. Dans un tirage, cette carte peut montrer une personne qui n'arrive pas à apprécier les petites choses de la vie et qui a tendance à voir le verre à moitié vide, plutôt qu'à moitié plein.

Le Dix de Bâton et vous

- Sentez-vous en ce moment que vous portez le poids du monde sur vos épaules ?
- Rédigez la liste de vos responsabilités. Y en a-t-il que vous pourriez déléguer ou abandonner ?
- Vous préoccupez-vous volontiers des problèmes des autres ou acceptez-vous des responsabilités que vous ne parviendrez pas à assumer ?
- Connaissez-vous quelqu'un qui semble être constamment embourbé dans le stress et les tensions ? Que lui recommanderiez-vous ?

Mots-clés

Fardeau, sentiment d'être débordé, pression, responsabilité.

La carte à l'envers : *déléguer, éviter les responsabilités, s'éloigner des situations problématiques.*

Valet de Bâton

Le Valet de Bâton est le plus jeune membre de la cour de Bâton. Il est donc probable qu'il représente un enfant dans un tirage. Si c'est le cas, cet enfant est doté du dynamisme et de l'enthousiasme associés à sa jeunesse, désireux de s'impliquer dans son environnement et de se lancer dans la prochaine aventure. Il n'aime pas rester assis trop longtemps, déborde généralement d'énergie et apporte des solutions créatives aux problèmes rencontrés.

Le Valet de Bâton incarné

Compte tenu de son âge, le Valet de Bâton n'est probablement pas très expérimenté. Ce manque peut d'ailleurs le freiner et ce, malgré l'énergie et la motivation dont il fait preuve. Dans certaines situations, il essaiera de courir avant même de savoir marcher, ce qui peut le conduire à vivre des revers et à dégrader la confiance qu'il a en lui.

Bien évidemment, le Valet de Bâton peut nous parler d'une personne qui n'est pas nécessairement jeune. Dans certains cas, il est bon d'observer le monde avec les yeux de l'enfant représenté par cette carte. C'est l'étincelle du Valet qui nous encourage notamment à faire bouger les choses. Le Valet de Bâton n'a pas toutes les réponses aux questions que l'on se pose, au même titre que certaines situations invitent à prendre du recul et à réfléchir. Cela étant, le dynamisme du Valet est indispensable à la mise en route d'un projet ou d'une relation. On peut passer des semaines ou des mois à réfléchir à la manière dont quelque chose doit se manifester, mais nous avons tous besoin de cette impulsion initiale. C'est l'essence même du Valet de Bâton.

Le Valet de Bâton en situation

Les Valets sont traditionnellement considérés comme des messagers. La nature de l'élément Feu peut nous informer sur l'arrivée rapide de bonnes nouvelles, l'annonce d'événements excitants dans un avenir proche par exemple. Du fait de la vitesse associée à cet élément, on peut imaginer que les messages nous parviendront par courriel ou SMS.

En général, le Valet de Bâton est porteur de nouveaux départs ou du début de quelque chose. Il est probable que la carte soit connectée à un projet qui nous passionne et que nous avons hâte de voir décoller. Qu'il s'agisse de notre vie personnelle ou professionnelle, cette étincelle de jeunesse éveillera notre intérêt pour quelque chose de nouveau. Nous ne saurons pas avec certitude si ce projet a la capacité de résister à l'épreuve du temps tant que nous n'aurons pas essayé.

Le Valet de Bâton et vous

- Qu'est-ce qui vous excite et vous motive en ce moment ?
- Connaissez-vous quelqu'un qui présente les traits de jeunesse et d'enthousiasme du Valet de Bâton ?
- Quel est le danger de ne pas réfléchir à quelque chose avant de foncer tête baissée ?
- Comment pourriez-vous mettre l'énergie de ce jeune Valet au service de quelque chose d'utile ?

Mots-clés

Enthousiasme enfantin, aventure, fougue, bonnes nouvelles.

La carte à l'envers : *manque de motivation, pessimisme, crainte, nouvelles désagréables.*

Cavalier de Bâton

Le Cavalier de Bâton est associé à la fois au mouvement et à l'enthousiasme. Dans la mesure où il a l'esprit du Feu qui coule dans ses veines, le Cavalier est un personnage spontané et dynamique, qui cherche à s'impliquer dans des choses qui l'intéressent et l'excitent.

Le Cavalier de Bâton incarné

Tous les Cavaliers sont connectés à la notion de mouvement et sont en quête de quelque chose. Le Cavalier de Bâton étant guidé par l'élément Feu, c'est la passion et le besoin de vivre le monde qui le motivent. Dans un cadre professionnel, c'est une personne qu'il est bon d'avoir à ses côtés. Son enthousiasme peut être magnétique et il est une source d'inspiration. Si vous voulez être accompagné par une personne qui suscite l'intérêt et la motivation, alors c'est bien le Cavalier de Bâton.

En matière d'amour, ce personnage est aussi sollicité que dans le monde professionnel. Charismatique, audacieux et énergique, c'est un partenaire excitant et très attirant. Il y a cependant un petit hic : le Cavalier de Bâton ne tiendra pas sur la longueur dans ses relations amoureuses et amicales. Il fera de son mieux pour vous séduire et vous charmer, mais ne restera pas bien longtemps dans votre paysage. Beaucoup tomberont donc sous son charme et essaieront de l'apprivoiser, mais la cause est perdue d'avance. C'est le partenaire idéal des aventures passagères et divertissantes, mais le Cavalier de Bâton n'étant pas de ceux qui s'engagent, on finit donc par être déçu.

Le Cavalier de Bâton en situation

Le Cavalier de Bâton peut symboliser les changements et le déménagement. Du fait de son élément, ces événements peuvent se produire rapidement et impliquer de voyager loin et dans des environnements exotiques. Très souvent, ceux qui reçoivent le Cavalier de Bâton ne sont pas préparés à son arrivée et les changements qu'il induit peuvent être difficiles à vivre. Il peut vous conseiller de faire un voyage qui n'était pas du tout prévu, sans vous laisser le temps de le préparer, par exemple.

Lorsque le Cavalier de Bâton arrive dans un tirage, il peut nous inviter à suivre son exemple et nous motiver à agir plutôt que de rester assis les bras croisés. Il peut aussi nous inviter à diriger notre énergie dans un but précis. Ses conseils peuvent être avisés, mais il convient tout de même de faire preuve de prudence. Le Cavalier de Bâton est généralement pressé d'arriver et, lorsque cette carte est dans une position difficile, il peut être question de nous arrêter un moment pour réfléchir et nous assurer de la solidité du plan dans lequel nous nous apprêtons à foncer tête baissée.

Bien que passionnant, le Cavalier de Bâton manque cruellement d'engagement à long terme, tant sur le plan professionnel que sur les bonnes choses de la vie. La carte peut apparaître dans un tirage pour nous parler d'une personne qui a tendance à passer d'un projet à l'autre ou d'une relation à l'autre, sans vraiment savoir ce qu'elle veut.

Le Cavalier de Bâton et vous

- Avez-vous besoin d'un peu d'excitation dans votre vie?
- Avez-vous des difficultés à vous engager dans une idée, un travail ou une relation?
- Connaissez-vous quelqu'un qui ressemble au Cavalier de Bâton, une personne inspirante, optimiste et passionnante?
- Sentez-vous l'excitation d'un voyage ou d'un déménagement vous titiller?

Mots-clés

Enthousiasme, inspiration, excitation, mouvement rapide, voyage à l'étranger.

La carte à l'envers: *difficultés à s'engager, paresse, impatience, égoïsme, précipitation.*

Reine de Bâton

La Reine de Bâton est une femme forte et indépendante. Connue pour être sociale et attentive aux autres, on la trouve au cœur de la plupart des communautés, source d'inspiration et venant en aide pour réunir les groupes d'individus.

La Reine de Bâton incarnée

Toutes les Reines sont nourricières dans l'âme, mais chacune a sa propre manière d'interagir avec son environnement. La Reine de Bâton est une personne sociable qui assume souvent un rôle de coordination et de supervision dans le développement d'un projet. Elle aime être active, tant sur le plan de la supervision que sur celui de la participation. La partie active de sa personnalité permet de faire avancer les choses et elle est respectée pour ses nombreuses réalisations et sa fiabilité.

Nombreux sont ceux qui admirent la Reine de Bâton parce qu'elle semble équilibrer ses nombreuses responsabilités avec aisance. C'est une femme qui dirige sa propre entreprise, qui dépose ses enfants à l'école en partant au bureau, qui remplit son rôle dans l'association des parents d'élèves, mais qui prend aussi le temps de partager un verre avec ses amis et de rattraper son retard pendant le week-end. Ce qui est louable chez cette femme, c'est sa capacité à gérer toutes ses responsabilités sans faire défaut à aucune d'elles.

Animée par l'élément Feu, la Reine de Bâton est passionnée, créative et extrêmement sociable. Lorsqu'elle est en difficulté cependant, ces aspects de sa personnalité peuvent servir de défense. Lorsqu'elle est acculée, elle se protège férocement et si elle est attaquée, elle bénéficie de suffisamment de soutiens pour ne faire qu'une bouchée de son détracteur. Ce n'est d'ailleurs pas nécessairement une qualité négative mais plutôt une force sur laquelle compter.

On se souviendra simplement que mieux vaut réfléchir à deux fois avant de s'attaquer à la Reine de Bâton.

La Reine de Bâton en situation

Elle est concernée par les questions sociales et nous encourage à agir en tant que porte-parole de notre communauté ou à gérer un groupe de personnes. Ceci peut avoir lieu dans le milieu professionnel mais également dans un cadre amical ou tout autre groupe social. Nous n'avons pas tous la confiance nécessaire ni l'habileté naturelle pour animer un groupe ou l'inspirer. Cette carte peut nous dire que nous devons avoir recours à une personne douée de ces compétences. La Reine de Bâton est une bonne médiatrice et son attitude positive insuffle une belle énergie pour accomplir le travail. Vous voyez-vous comme quelqu'un en mesure de suivre ses pas ?

Grâce à la nature créative de l'élément Feu, la Reine de Bâton pourrait indiquer que nous avons besoin de nourrir notre créativité. Que nous le fassions au travers de l'art, de la musique ou de la danse, par exemple, cette carte peut nous amener à réfléchir à la manière la plus adaptée de développer nos talents créatifs.

La Reine de Bâton et vous

- Connaissez-vous quelqu'un qui, comme la Reine de Bâton, occupe une position centrale dans sa communauté ?
- Dans quelle mesure êtes-vous capable d'équilibrer les éléments qui composent votre vie quotidienne ?
- Quel est votre degré de confiance en vous en ce moment ?
- Comment réagissez-vous lorsque vous n'arrivez pas à faire ce que vous voulez ?

Mots-clés

Confiance, indépendance, sociabilité, protection, créativité.

La carte à l'envers : *vengeance, méchanceté, insécurité, jalousie, réactivité, intimidation.*

Roi de Bâton

Le Roi de Bâton est un homme créatif et motivé. Il a travaillé dur pour en arriver là. Fort de sa maturité, il se sert de son expérience pour diriger les autres et déléguer. C'est un personnage respecté de tous.

Le Roi de Bâton incarné

Tous les Rois du tarot sont des maîtres. Dans le cas du Roi de Bâton, c'est l'essence même de l'élément Feu qui coule dans ses veines. Il est passé par le même chemin que les plus jeunes et comprend leur besoin d'excitation et d'action. Avec l'expérience, cependant, il sait qu'il peut être profitable de contrôler cette fougue naturelle. En tant qu'individu, ce Roi est une personne qui peut exploiter de nouveaux filons et prévoir les moyens de les utiliser à son avantage, avec un peu de temps et de planification. C'est un bon professionnel, doué en affaires et entreprenant.

Pour beaucoup, le Roi de Bâton est une source d'inspiration. Il est généreux dans ses transactions et, dans sa vie personnelle, c'est un père de famille chaleureux. Il souhaite aider les autres sur le chemin de réussite. Cela peut être un patron d'entreprise juste et attentionné.

Lorsqu'il est dans une position difficile, le Roi de Bâton peut être tellement déconnecté qu'il en perd son sens pratique. Même s'il reste une source d'inspiration, il pourra être difficile à contacter et ne répondra jamais aux mails. Dans le pire des cas, il peut être égoïste et arrogant, croyant que son expérience lui permet de se payer le luxe d'avoir un meilleur avis que le vôtre.

Le Roi de Bâton en situation

Lorsqu'il apparaît dans un tirage, le Roi de Bâton peut vous inviter à trouver une manière de contrôler votre enthousiasme ou votre créativité. Si vous avez traversé la vie sans but, cette carte peut suggérer qu'il est temps de vous ressaisir et de trouver un moyen de remettre en question vos centres d'intérêt et vos pôles créatifs. Sur un plan personnel, cette carte encourage à s'atteler à une tâche et à choisir une direction. Il est temps de prendre en considération ses responsabilités.

On peut compter sur le Roi de Bâton lorsque l'on se sent perdu. Dans la mesure où c'est un personnage qui connaît parfaitement ses talents et ses besoins, il peut aider à trouver sa voie. Il convient de noter que ce Roi n'est pas toujours une source d'inspiration ou un guide en rapport avec notre univers immédiat. Bien qu'il puisse être coach sportif, figure paternelle ou patron, il peut aussi se manifester sous les traits d'un orateur en développement personnel, d'une personne âgée avisée ou encore d'un guide spirituel réputé. Son message et ses enseignements ne sont cependant pas affaiblis par cette position distante. Le Roi de Bâton a la capacité d'inspirer et d'offrir son soutien au travers d'un large éventail de sources, c'est un personnage qui comprend et maîtrise le pouvoir médiatique.

Le Roi de Bâton et vous

- Comment pourriez-vous contrôler ou canaliser vos passions, vos désirs et vos intérêts pour votre bénéfice à long terme ?
- Connaissez-vous quelqu'un qui vous a directement motivé et guidé vers le succès ?
- Comment pourriez-vous inspirer les autres en partageant vos propres expériences ?
- Pourriez-vous citer quelqu'un qui vous a inspiré à distance par ses écrits, son travail ou ses enseignements ?

Mots-clés

Leader, motivant, inspirant, courageux, aventureux, chaleureux.

La carte à l'envers : *égoïste, autoritaire, inflexible, arrogant.*

COUPE

As de Coupe

Tous les As du tarot représentent le début de quelque chose. Avec l'As de Coupe, on assiste au déroulement d'une nouvelle rencontre ou d'une situation chargée sur le plan émotionnel. L'élément Eau se réfère au royaume des sentiments, il peut donc être question de chapitres de la vie qui apportent de la satisfaction sur le plan émotionnel ou qui peuvent être stimulants.

L'As de Coupe est généralement illustré par une coupe, symbole du germe de l'émotion. Il peut signifier un nouveau départ dans votre vie émotionnelle et le plus souvent le début d'une histoire d'amour. Puisqu'il s'agit de la première carte de la suite, son sens est relativement neutre. Ainsi, c'est une carte qui invite à s'ouvrir à un amour naissant, sans pour autant décrire l'avenir de cette histoire.

L'As de Coupe en situation

Dans un tirage, l'As de Coupe représente une proposition. Dans un cadre romantique, il peut illustrer les balbutiements d'une histoire d'amour : une personne qui a attiré votre attention récemment, ou qui a fait le premier pas.

Pour une personne qui a été blessée par une relation, la promesse de l'As de Coupe n'est pas forcément simple à accepter. Bien que cette carte symbolise un intérêt romantique pour une nouvelle personne, ouvrir son cœur à cette nouvelle histoire n'est pas forcément simple, les blessures du passé empêchant de se libérer complètement. Pour que l'As de Coupe ouvre la voie à une histoire plus profonde, encore faut-il lui laisser l'espace nécessaire. Il est parfois essentiel de travailler l'estime de soi et de s'éloigner du passé pour s'ouvrir à de nouvelles opportunités.

Dans une lecture qui n'est pas liée au domaine romantique, l'As de Coupe pourra signifier le début d'une nouvelle amitié, un investissement émotionnel au travail ou même la naissance d'un enfant. Si cette carte apparaît dans un tirage orienté sur la vie professionnelle, elle nous encouragera à trouver de l'amour dans ce que nous faisons ou à envisager une carrière dans un domaine que nous aimons.

L'As de Coupe incarné

La personne décrite par l'As de Coupe est heureuse de tendre la main dans une situation déterminée. Ce n'est pas une personne qui vous aide parce qu'elle estime qu'elle le doit, mais parce qu'elle se soucie réellement de vous. Cette carte peut mettre en lumière un individu dont le métier est orienté vers l'attention portée aux autres, mais d'une manière générale, il peut s'agir d'une personne qui fait simplement passer le bien-être des autres avant le sien. Les altruistes de toute nature sont représentés par cette carte. Dans un tirage, l'As de Coupe désignera une personne qui fait vraiment attention à vous.

Dans la mesure où l'As de Coupe incarne une graine qui ne demande qu'à pousser, cette carte peut représenter des âmes jeunes et romantiques. Ce sont des personnes sensibles, enthousiastes et disposées à exprimer leurs émotions dans leur art ou par une écriture créative.

L'As de Coupe et vous

- Êtes-vous ouvert à un nouvel amour ou à une nouvelle amitié en ce moment ?
- Aimez-vous votre travail ?
- Comment pourriez-vous exprimer au mieux vos émotions ?
- Comment pourriez-vous tendre la main à quelqu'un dans votre vie ?

Mots-clés

Nouvelle situation émotionnelle, agitation des sentiments, ouverture du cœur.

La carte à l'envers : *cœur fermé ou bloqué, amour non partagé, émotions réprimées.*

Deux de Coupe

Dans le Deux de Coupe, on trouve l'union. Dans la mesure où l'Eau est son élément et qu'elle trône au royaume des émotions, cette carte suggère l'épanouissement de nouvelles relations mais peut aussi faire référence à une relation existante qui réclame une certaine attention.

Le Deux de Coupe peut signifier une connexion romantique et, lorsque c'est le cas, elle nous parle des premiers pas de cette histoire. Elle peut annoncer l'arrivée d'une histoire d'amour ou une rencontre imminente. En ce sens, elle peut susciter des sentiments amoureux entre deux personnes et indiquer un premier rendez-vous ou une attraction réciproque.

Bien que le Deux de Coupe puisse suggérer les premiers pas d'une union romantique, il peut aussi décrire n'importe quel type de relations. Il peut s'agir d'une amitié qui commence ou d'un partenariat professionnel en devenir, par exemple.

Le Deux de Coupe en situation

En situation, le Deux de Coupe nous parle de réunir des personnes. Compte tenu de son élément Eau, ce rapprochement se produit généralement dans la sphère amoureuse. Le Deux de Coupe est donc agréablement accueilli dans le tirage d'une personne à la recherche d'un partenaire amoureux. Il pourra être question d'une nouvelle personne qui est sur le point d'entrer dans sa vie ou d'une relation existante qui prend plus d'importance.

Pour les personnes qui sont déjà engagées dans une relation, le Deux de Coupe peut inviter à se redécouvrir. Il peut être question d'une deuxième lune de miel ou d'apprendre à s'aimer de nouveau après un cap difficile de la relation.

Même les couples qui fonctionnent parfaitement bien ont besoin d'un coup de main de temps en temps. Le Deux de Coupe peut nous inviter à complimenter plus souvent notre partenaire, à organiser des rendez-vous romantiques ou simplement à consacrer un peu plus de temps à écouter l'autre quand il raconte sa journée.

Dans le cadre d'une lecture orientée sur l'aspect professionnel, le Deux de Coupe annonce des partenariats importants qui impliquent de nouveaux contrats et de nouvelles relations. Vous pouvez par exemple être sur le point d'intégrer une nouvelle entreprise ou de travailler avec un collègue dont les intérêts sont étroitement liés aux vôtres.

Le Deux de Coupe incarné

Le Deux de Coupe peut symboliser un ami ou quelqu'un qui compte beaucoup pour vous. Cette personne est digne de confiance, sensible et en phase avec ses sentiments. Elle souhaitera vous soutenir.

La personne décrite par le Deux de Coupe peut être un bon ami, un frère ou une sœur ou même un admirateur. Elle souhaite partager ses sentiments et vous aider dans les moments difficiles. Cette carte ne nous parle pas d'un ami passager mais de celui qui sera à vos côtés même lorsque le temps se gâte.

Le Deux de Coupe et vous

- Qu'apportez-vous aux relations nouvelles et existantes ?
- Vivez-vous une relation qui commence à s'épanouir ?
- Comment pouvez-vous raviver une amitié ou une histoire d'amour qui s'est érodée au fil du temps ?
- Y a-t-il quelqu'un dans votre vie avec qui vous partagez un lien affectif ?

Mots-clés :

Amitié, partenariat, début de romance, attirance, sentiments partagés.

La carte à l'envers : *problèmes relationnels, ami déloyal, amour non réciproque.*

Trois de Coupe

Le Trois de Coupe symbolise notre communauté sociale. Il peut mettre en évidence un groupe d'amis, la famille ou même les voisins.

Dans la mesure où le Trois de Coupe réunit des groupes de personnes, il peut nous parler d'événements ou de fêtes. Cette association aux célébrations la conduit à prévoir des réunions de famille, des fêtes d'anniversaire et tout ce qui permet à nos proches de se réunir et de profiter de la compagnie des uns et des autres. Dans certains cas, cette carte nous invite à nous laisser à aller et à profiter du temps passé avec les personnes que nous apprécions.

Le Trois de Coupe en situation

Lorsque le Trois de Coupe se présente dans un tirage, il peut prédire une invitation à un évènement quel qu'il soit. Il peut s'agir d'une invitation à un mariage, à une fête d'école ou simplement à une soirée entre amis. Si vous vivez un moment un peu compliqué, cette carte vous rappelle également que vous êtes entouré de personnes prêtes à vous aider et elle pourra vous suggérer d'organiser un rendez-vous avec ces personnes.

Le Trois de Coupe suggère donc des célébrations en tout genre. Selon l'endroit où elle apparaît dans le tirage, la carte peut désigner des événements à venir qui vont bientôt être fêtés - la réussite à un examen, une naissance ou un nouvel emploi par exemple - ou la célébration d'événements qui ont déjà eu lieu.

Le Trois de Coupe incarné

Selon toute logique, une personne représentée par le Trois de Coupe est amusante, on passe du bon temps avec elle. Il peut s'agir d'un membre de la famille, d'un ami ou d'une simple connaissance que l'on retrouve pour boire un verre après le travail. Dans tous les cas, c'est une relation moins intime que celle qui est décrite par le Deux de Coupe.

Le Trois de Coupe décrit une personne qui aime être en société, entourée de gens qui savent passer du bon temps. Lorsque cette carte est dans une position difficile, il peut s'agir d'une personne qui aura tendance à mettre sa vie sociale au premier plan et au détriment du reste, négligeant ses responsabilités. Si se sociabiliser et organiser des événements peut constituer un aspect déterminant de ses choix de carrière, la face obscure du Trois de Coupe met en lumière d'un excès d'indulgence ou une personne dont la vie sociale est préjudiciable à sa santé ou son travail.

Le Trois de Coupe et vous

- À quand remonte votre dernière soirée entre amis ?
- Connaissez-vous une personne qui est le moteur et l'amuseur public de toutes les fêtes ?
- Faites une liste des groupes sociaux auxquels vous appartenez et notez leurs différences.
- Quels sont, à votre avis, les éléments de votre vie méritant d'être célébrés ?

Mots-clés

Fêtes, communauté, rassemblements, vie sociale, groupes.

La carte à l'envers : *isolement par rapport à un groupe, dépenser sans retenue, se sentir traité injustement.*

Quatre de Coupe

Le Quatre de Coupe est généralement associé à la stagnation. La suite des Coupe est administrée par l'élément Eau et, comme on le sait, l'eau n'aime pas être contrainte. Elle aime la fluidité, elle aime couler. Avec cette carte, nous touchons à une certaine insatisfaction. Quelque chose nous contrarie et nous bloquons la possibilité d'un changement.

Nous avons tous connu des limites contraignantes dans notre vie quotidienne. Le Quatre de Coupe reconnaît ces blocages. Il peut aussi apparaître dans un tirage lorsque seuls quelques ajustements sont nécessaires pour débloquer une évolution plus importante. Traditionnellement, cette carte est connectée à l'apathie et à l'ennui. Si la situation que nous vivons ne nous plaît pas, nous empêchons également notre inspiration de fonctionner normalement et des idées neuves de nous parvenir. Dans certains cas, nous pouvons être tellement absorbés par ce qui ne fonctionne pas que nous passons à côté d'opportunités qui nous permettraient pourtant de nous sortir de la situation actuelle.

Le Quatre de Coupe en situation

Le Quatre de Coupe apparaîtra dans un tirage si nous ne sommes pas satisfaits par ce que la vie nous offre. Elle peut refléter un sentiment de déception ou quelque chose qui n'a pas répondu à nos attentes. Par exemple, cette carte peut apparaître dans le tirage d'une personne qui a passé une année à préparer son mariage dans les moindres détails et qui traverse une phase de déprime une fois le mariage passé.

Lorsque cette carte est présente, elle peut suggérer un point de vue trop étroit sur la situation. Absorbé par notre apathie ou notre mécontentement, on ne remarque même plus ce qui pourrait nous soulager. Cette carte nous demande de reprendre le contrôle et d'envisager la situation dans son ensemble. La solution aux problèmes se trouve peut-être à portée de main. Mais ce n'est pas en se renfermant ni en se coupant des autres que l'on peut entrevoir la solution.

Le Quatre de Coupe incarné

Le Quatre de Coupe, lorsqu'il décrit une personne, nous parle d'un éternel insatisfait. N'avez-vous jamais rencontré une personne qui possède apparemment tout ce qu'il faut, mais qui se dit ne pas être comblée ? Cela peut aussi être une personne qui pense avant tout à ce qu'elle peut retirer d'une situation, sans prêter la moindre attention aux autres.

Sur un plan plus profond et plus sérieux, le Quatre de Coupe peut évoquer une dépression ou un manque d'énergie et de motivation. Cette carte nous parle encore d'une personne centrée sur elle-même et des circonstances qui l'empêchent de rompre avec ce schéma. Pour ce genre de personnes, s'aventurer en dehors de son monde peut être une voie salutaire. Elle aura cependant besoin d'une assistance professionnelle pour y parvenir.

Le Quatre de Coupe et vous

- Vous êtes-vous coupé de ceux qui vous entourent ?
- Quelles sont les opportunités que vous pourriez manquer ou l'inspiration qui vous fait défaut ?
- Que pourriez-vous faire pour vous faciliter la vie ?
- Pourquoi pourriez-vous vous sentir déçu ou apathique en ce moment ?

Mots-clés

Apathie, ennui, mécontentement, occasions manquées.

La carte à l'envers : *dépression, égocentrisme, ouverture aux autres.*

Cinq de Coupe

On ne peut pas vraiment apprécier les bons moments de la vie sans en connaître de moins bons. Le Cinq de Coupe reflète les revers émotionnels et le sentiment de perte que nous vivons de temps en temps.

Le Cinq de Coupe montre un personnage triste. Cette carte nous parle donc de tristesse, de ruptures et de chagrins. Si, *a priori*, tout cela augure de perspectives peu agréables, le potentiel de cette carte dépend en grande partie de l'attitude de la personne concernée. Même si celle-ci peut avoir vécu des pertes, légères ou significatives, le Cinq de Coupe encourage à regarder au-delà des difficultés et à se tourner résolument vers l'avenir.

Le Cinq de Coupe ne réduit en rien les difficultés du passé. Cette carte nous demande simplement de les reconnaître pour nous permettre d'aller de l'avant. Elle conseille à ceux qui se sentent coincés dans une ornière émotionnelle d'ajuster leur mode de fonctionnement et d'envisager ce dont ils ont besoin pour construire leur avenir.

Le Cinq de Coupe en situation

Le Cinq de Coupe décrit un choc émotionnel. Les relations sont rarement sans heurts et cette carte peut refléter une rupture récente ou en voie de se produire. Une personne peut nous avoir profondément blessé ou l'absence d'un être aimé peut être prégnante.

Lorsque cette carte se présente dans un tirage qui n'est pas orienté sur le terrain des émotions, le Cinq de Coupe peut refléter des erreurs difficiles à surmonter, des regrets, voire un sentiment d'embarras. Quelque chose a brisé l'harmonie, nous laissant bloqué et incapable de décider quoi que ce soit pour continuer d'avancer. Dans un tirage orienté sur la vie professionnelle, il peut être question d'arrangements hasardeux, de contacts importants et d'argent perdus. Bien que la thématique ne soit pas centrée sur les histoires de cœur, le stress mis en évidence par le Cinq de Coupe peut générer des turbulences émotionnelles.

Le Cinq de Coupe incarné

Nous avons tous déjà rencontré une personne de type Cinq de Coupe, de celles qui voient le verre à moitié vide plutôt qu'à moitié plein.

Tandis que le Cinq de Coupe peut décrire une personne qui a dépassé des périodes de deuil, il peut aussi mettre en évidence un individu qui choisit de s'attarder sur l'aspect négatif d'une situation. Ce genre de personnes n'est pas forcément agréable à côtoyer, son pessimisme pouvant être contagieux et affecter le moral des troupes.

La personne décrite par le Cinq de Coupe a certainement de bonnes raisons d'être déprimée. Son incapacité à trouver le bonheur et à se concentrer sur les désillusions et les déceptions du passé ne peut être ignorée. Cette carte peut signifier un appel à l'aide et peut suggérer de consulter un thérapeute professionnel.

Le Cinq de Coupe et vous

- Avez-vous du mal à surmonter une rupture ou un choc émotionnel ?
- Dressez la liste de cinq choses que vous attendez avec impatience.
- Connaissez-vous une personne qui décide toujours de se concentrer sur les aspects négatifs de la vie plutôt que sur les aspects positifs ?
- Comment pouvez-vous améliorer votre vision d'une situation difficile ?

Mots-clés

Choc émotionnel, déception, bouleversement, rupture, dépression.

La carte à l'envers : *foi en l'avenir, appréciation de ce que nous avons, non-reconnaissance de la douleur émotionnelle.*

Six de Coupe

Le Six de Coupe est une carte relative au passé lointain. Pour beaucoup, elle remonte à l'époque de l'enfance et aux expériences vécues alors. Bien entendu, si cette carte a une vibration positive, nous sommes tous différents face aux souvenirs d'enfance et chacun fera sa propre lecture des messages délivrés par cette carte.

Notre manière d'envisager les premières étapes de la vie est influencée par notre enfance et notre naïveté. Du fait de cette tonalité infantile, le Six de Coupe peut parfois nous alerter sur des situations qui risquent de nous décevoir. D'un autre côté, il y a des situations et des opportunités qui nous obligent à être plus ludique et moins analytique. Le Six de Coupe, lorsqu'il est envisagé de manière positive dans une lecture, peut faciliter l'accès à une attitude plus légère.

Le Six de Coupe en situation

Le Six de Coupe se réfère à des éléments qui ont été définis dans le passé. Dans certains tirages, il nous demandera de nous plonger un peu plus loin dans notre histoire parce que c'est là que se trouve la solution à un problème que nous vivons aujourd'hui. Cette carte peut se référer à une personne de notre passé qui possède la solution à un problème qui surgit aujourd'hui. Elle peut aussi nous conseiller de remonter le temps à la recherche d'un élément qui aurait pu nous échapper.

Par sa connexion avec le passé, le Six de Coupe peut évoquer des personnes que nous n'avons pas vues depuis un certain temps. Il ramènera au présent un événement qui s'est produit dans le passé ou pourra nous parler d'une invitation à une fête d'anciens élèves, par exemple.

Le Six de Coupe incarné

Teintée de l'innocence et de l'essence d'un enfant, la personne décrite par le Six de Coupe est de nature enfantine, qui s'émerveille de tout. Cela peut être très rafraîchissant dans la mesure où son optimisme et sa vitalité peuvent nous arracher aux turpitudes et au stress de la vie moderne, nous encourageant à laisser davantage de place aux passe-temps insouciants et à nous libérer de toute responsabilité.

En plus de décrire l'enfant qu'était le consultant, le Six de Coupe nous décrit des personnalités, sans distinction d'âge, empreintes d'imagination et ouvertes aux nouvelles expériences.

Dans une situation plus compliquée, le Six de Coupe peut décrire des personnes qui ne veulent pas grandir et prendre leurs responsabilités ou qui vivent uniquement au travers des expériences du passé. S'il est sain de faire preuve de prudence et de réflexion, ce n'est pas une attitude à adopter en permanence.

Le Six de Coupe et vous

- Avez-vous besoin de prendre les choses moins au sérieux en ce moment et de devenir plus enjoué et spontané ?
- Connaissez-vous quelqu'un que l'on pourrait qualifier d'éternel enfant ou de « grand enfant » ?
- Quel est le danger de vivre dans le passé ?
- Y a-t-il une personne ou un événement de votre passé qui peut vous aider à faire la lumière sur un problème actuel ?

Mots-clés

Enfance, passé, nature enfantine, enfants, souffle du passé, réminiscence.

La carte à l'envers : *naïveté, puérilité, enfance difficile, crises de colère, vivre dans le passé.*

Sept de Coupe

Le Sept de Coupe nous propose un certain nombre d'options. Cette carte peut suggérer plusieurs opportunités ou chemins à emprunter. Lorsque cela se produit il est souvent difficile de choisir ce qu'il faut garder et ce qu'il est préférable de mettre de côté.

Dans l'ensemble, le Sept de Coupe suggère un besoin de concentration. Lorsque l'on est face à plusieurs options, certains les ignorent toutes, quand d'autres vont faire leur possible pour « picorer » un bout de chaque. En se refusant d'en choisir une en particulier, le risque de finir au royaume des rêves éveillés est grand, imaginant des plans d'avenir plutôt que de les mettre réellement en pratique. Il arrive un moment où il convient de choisir une option parmi toutes celles proposées.

Le Sept de Coupe nous encourage à examiner les opportunités qui nous sont offertes et à en choisir une parmi celles-là.

Le Sept de Coupe en situation

Les opportunités sont un peu comme des autobus : vous attendez ce qui vous semble être une éternité jusqu'à ce que, tout à coup, plusieurs bus arrivent en même temps. Avec autant d'options, le choix n'est pas facile. Le Sept de Coupe apparaît lorsque, par exemple, plusieurs opportunités de travail se présentent. Peut-être avez-vous multiplié les candidatures en vue d'augmenter vos chances d'être recruté et, à présent, c'est à vous de choisir le poste que vous préféreriez occuper. Le même principe peut s'appliquer à la vie romantique, nous laissant perplexe à l'heure de choisir le partenaire qui conviendrait le mieux.

Le problème avec les opportunités est qu'elles ne durent pas éternellement. Les options suggérées par le Sept de Coupe peuvent diminuer aussi vite qu'elles se sont présentées à vous. Une décision rapide s'impose donc. Il n'est pas question de se précipiter pour autant, mais simplement de garder à l'esprit que si vous laissez un choix en suspens trop longtemps, celui-ci ne sera peut-être plus disponible demain.

Le Sept de Coupe incarné

En raison de la difficulté qu'elle a de se concentrer, la personne décrite par le Sept de Coupe est un rêveur éveillé. C'est le genre d'individus qui passe beaucoup plus de temps à se demander ce qu'il va faire plutôt qu'à le faire vraiment. Cela fait de lui un personnage bourré d'imagination qui peut regarder le monde au travers de différents prismes. En revanche, si vous comptez sur lui pour se retrousser les manches et passer à l'action, mieux vaut passer votre chemin.

Une personne dont la personnalité est celle du Sept de Coupe est du genre à avoir beaucoup d'idées et de projets en réserve. Il pourra s'y atteler mais, distrait, passera rapidement à autre chose. Son enthousiasme reste constant, mais la multitude des projets en cours l'empêchera de s'atteler pleinement à l'un d'entre eux.

Le Sept de Coupe et vous

- Avez-vous du mal à choisir une option ?
- Êtes-vous du genre à rêver plutôt que de vous atteler à la tâche qui vous attend ?
- Connaissez-vous quelqu'un qui a du mal à rester concentré sur une seule chose ?
- Comment pouvez-vous mieux utiliser votre temps en ce moment ? Que pourriez-vous avoir besoin d'éliminer ?

Mots-clés

Manque de concentration, rêveries, options, besoin de choisir.

La carte à l'envers : *trouver un centre d'intérêt, fixer des intentions, faire le bon choix.*

Huit de Coupe

Avec le Huit de Coupe, on décide d'aller de l'avant. Ce n'est pas une décision facile à prendre dans la mesure où elle implique de laisser derrière soi la stabilité et l'idée d'une structure.

Il y a toujours des moments où l'on doit sortir de sa zone de confort. Le Huit de Coupe suggère que c'est le moment de laisser derrière soi ce pour quoi nous ne ressentons plus de désir ou qui ne constitue plus un défi. Une relation, un travail ou une situation a pu être pleinement satisfaisante pendant longtemps, mais le Huit de Coupe se présente lorsque cela ne nous suffit plus. Même si le chemin à emprunter est inconnu et semé d'obstacles et de défis, cette carte nous rappelle qu'il est parfois préférable d'aller de l'avant en cherchant la nouveauté et l'inspiration plutôt que de se limiter à ce qui est déjà connu, par pur confort.

Le Huit de Coupe en situation

Dans le domaine des relations personnelles, le Huit de Coupe apparaît lorsqu'il est temps d'aller de l'avant. Le revers de la médaille de cette carte est que nous ne laissons pas derrière nous que du mauvais, loin s'en faut. Mais lorsque le Huit de Coupe fait son apparition, il peut désigner une chose qui nous manque et nous encourage à comprendre ce que c'est. Dans la mesure où cette carte fait partie de la suite des Coupe, le mouvement qu'elle implique peut se jouer sur le terrain émotionnel. Nous ne sommes pas tous suffisamment courageux pour charger, même si l'on ressent cette attirance pour la nouveauté.

Dans une lecture orientée sur la carrière professionnelle, le Huit de Coupe peut signifier un désir de quitter un travail que l'on fait déjà depuis plusieurs années ou celui de changer de chemin professionnel. On peut avoir la sensation que nos besoins ont changé au fil du temps ou avoir besoin de pimenter un peu les choses. Pour certains, cela impliquera de laisser son travail à plein temps pour suivre un rêve.

Le Huit de Coupe incarné

Dans un tirage, le Huit de Coupe est aussi passionnant que stimulant dans la mesure où il nous encourage à nous connecter avec notre esprit au détriment de la sécurité et des relations établies. Lorsque cette carte décrit une personne, elle peut évoquer quelqu'un qui se soustrait systématiquement à ses responsabilités, qui est constamment à la recherche d'un nouveau rêve.

Le Huit de Coupe n'est pas nécessairement une carte défavorable parce qu'elle nous pousse à réfléchir à ce que nous voulons vraiment. Quand on l'associe à une personne, on peut penser à un voyageur ou à quelqu'un qui est en quête de quelque chose qu'il ne parvient pas à trouver. C'est inspirant de partir à la recherche de soi et de trouver ce pour quoi nous sommes faits, mais cette carte peut aussi nous parler d'une personne à la recherche du grand amour ou du métier qui la fait rêver, sans jamais le trouver.

Le Huit de Coupe et vous

- Qu'avez-vous laissé derrière vous pour poursuivre vos rêves et vous rapprocher de ce que vous êtes vraiment ?
- Connaissez-vous quelqu'un qui a du mal à se poser ?
- Que semble-t-il manquer à votre vie actuellement et comment pourriez-vous le trouver ?

Mots-clés

Aller de l'avant, abandonner quelque chose ou quelqu'un, poursuivre un rêve.

La carte à l'envers : *sentiment d'être coincé, démotivé, manque de responsabilité.*

Neuf de Coupe

Traditionnellement, le Neuf de Coupe est ce que l'on pourrait appeler une « carte de vœux ». Pour beaucoup, si cette carte apparaît dans un tirage, c'est la confirmation d'un souhait qui devient réalité.

Le Neuf de Coupe nous rappelle que les rêves sont une partie déterminante de ce que nous sommes. Ils nous offrent l'espoir et un but à atteindre. Ajoutons qu'il arrive aussi que les rêves deviennent réalité. Cette carte concrétise nos souhaits et ouvre la voie à la joie et à la satisfaction personnelle.

Le Neuf de Coupe en situation

Le Neuf de Coupe apparaît dans un tirage pour décrire la chance, l'abondance et l'épanouissement personnel. Dans son sens le plus commun, cette carte nous dit que les choses vont se mettre en place et que le sentiment de satisfaction n'est pas loin.

Le Neuf de Coupe est en lice avec le Quatre de Bâton pour la place de la carte la plus chanceuse du paquet, mais il est préférable d'être conscient de ce que l'on souhaite réellement. Exaucer une prière c'est bien, mais ça a un coût. Par exemple, une promotion peut conduire à travailler beaucoup plus ou encore devenir célèbre sur les réseaux sociaux peut s'avérer plus contraignant que plaisant.

Le Neuf de Coupe incarné

Lorsque le Neuf de Coupe se présente dans un tirage, il peut décrire une personne qui donne l'impression de tout avoir dans la vie. C'est peut-être le cas si l'on considère qu'il nous parle d'un individu entièrement absorbé par ses rêves les plus fous. Mais la face obscure de cette personnalité est qu'elle peut tout aussi être vaniteuse et égocentrique.

Il est important de se rappeler que la joie induite par le Neuf de Coupe est strictement personnelle. Les individus décrits par cette carte peuvent se sentir seuls sous leur apparence lumineuse et privilégiée. Dans certains cas, l'incapacité à partager leur bonheur et leur joie les sépare des autres.

Le Neuf de Coupe et vous

- Si vous deviez exprimer un désir, quelle serait la première chose qui vous viendrait à l'esprit ?
- Quel est le prix à payer pour quelque chose dont vous avez rêvé et que vous avez reçu ?
- Connaissez-vous quelqu'un qui semble tout avoir ? Que ressentez-vous à son égard ?
- Qu'est-ce que la vie sans désirs ni rêves ?

Mots-clés

Souhaits exaucés, satisfaction personnelle, abondance.

La carte à l'envers : *suffisance, manque de croyance, incapacité à partager, avidité.*

Dix de Coupe

Le Dix de Coupe est une carte bienvenue dans la plupart des tirages. Pour beaucoup, elle représente une issue heureuse et satisfaisante à de nombreuses situations sur le plan émotionnel.

Le Dix de Coupe est souvent lié à la famille et, pour cette raison, il signifie la satisfaction et le luxe d'une connexion sincère. Il ne s'agit pas uniquement de relations proches, cette carte pouvant nous parler d'amitiés ou de relations avec lesquelles nous ressentons un lien émotionnel fort et significatif.

On a tendance à sous-estimer le contentement et la satisfaction. Le Dix de Coupe n'est pas la promesse d'un certain style de vie ou d'une abondance économique. Cette carte nous parle en réalité d'être satisfait de ce que nous offre la vie et de profiter des personnes qui nous entourent.

Le Dix de Coupe en situation

Dans de nombreuses lectures, on imagine que le Dix de Coupe prédit un avenir plein de surprises. Lorsque la carte est bien placée, cela peut être le cas. Mais elle peut nous demander de penser aux choses et aux personnes qui constituent notre vie et dont nous sommes reconnaissants. Nous sommes parfois tellement convaincus que le bonheur est à venir qu'on en oublie que le moment présent est lui aussi chargé d'émerveillement.

Le Dix de Coupe peut suggérer une stabilité émotionnelle et la possibilité de passer plus de temps avec ses proches. Lorsque cette carte apparaît pour décrire un résultat potentiel, elle peut être réconfortante et suggérer que nous vivrons « heureux pour toujours ». Cette carte est donc un bon présage pour l'avenir.

On pourrait imaginer qu'une carte comme le Dix de Coupe ne peut avoir de face obscure. Pour ceux qui aiment les défis et qui n'ont pas l'intention de se fixer, l'heureuse conclusion véhiculée par cette carte peut prendre une autre tournure. Comme nous l'avons vu, le plus difficile avec le Dix de Coupe est de savoir si nous la percevons pour des événements passés, présents ou à venir. Beaucoup reconnaissent leur enfance dorée ou aspirent à un avenir rassurant mais oublient tout simplement d'apprécier ce que la vie leur offre aujourd'hui.

Le Dix de Coupe incarné

Lorsque le Dix de Coupe apparaît dans le tirage d'une personne, il représente la force et la sécurité dans l'amour. D'autres cartes donnent à voir les premiers frétillements de l'attirance et les histoires d'amour passionnelles, mais avec le Dix de Coupe, il est question d'engagement quotidien et d'amour inconditionnel. Cette carte nous parle d'une personne qui a des projets d'avenir réalistes plutôt que des aventures et des contes de fées.

Que la personne dont il est question soit romantique ou non, elle est nécessairement engagée sur le terrain émotionnel. En plus d'être un partenaire de vie au long cours, le Dix de Coupe nous parle d'une âme sœur, d'un ami de longue date, d'un parent ou d'une personne qui a toujours été là dans les moments difficiles. En termes de personnalité, c'est un individu réceptif et cohérent, une personne en qui on peut avoir confiance les yeux fermés.

Le Dix de Coupe et vous

- Y a-t-il un moment de votre vie où vous vous êtes senti satisfait et comblé ?
- En quoi les significations associées au Dix de Coupe reflètent-elles votre vie à ce moment précis ?
- Connaissez-vous une personne qui est sûre et heureuse de sa place dans le monde, qu'elle ait ou non de l'argent ou du succès ?
- Selon vous, qu'est-ce que la « richesse émotionnelle » ?

Mots-clés

Contentement, épanouissement, bonheur, amour inconditionnel.

La carte à l'envers : *sentiment de mécontentement, peur de l'engagement, objectifs irréalistes.*

Valet de Coupe

Le Valet de Coupe est le plus sensible des jeunes personnages que compte le tarot. Son cœur est ouvert, toujours prêt à partager avec ceux qui l'entourent.

Le Valet de Coupe tombe facilement amoureux. Connecté à l'élément Eau, son approche de son environnement est construite sur ses émotions et ses sentiments. Les considérations matérielles du monde peuvent être un lourd fardeau sur ses frêles épaules. Le Valet de Coupe est fragile, on le blesse facilement. Son plus grand souhait est de partager son amour et il se demande toujours pourquoi les autres n'en font pas autant.

Le Valet de Coupe incarné

Il cherche donc à offrir son amour mais il attend aussi d'en recevoir. De naturel profondément empathique et chargé de compassion, le Valet de Coupe peut se laisser dépasser par l'intensité et la mécanique de relations plus adultes parce qu'il est un éternel naïf. Lorsqu'il est en couple, son manque d'expérience peut l'amener à paraître obsédé ou en demande constante d'attention. Il peut avoir l'impression d'être doté de suffisamment d'amour pour deux, ce qui peut le conduire à se comporter en partenaire étouffant.

Au mieux, le Valet de Coupe est un ami ou un amant chaleureux et enthousiaste. Il est à la fois réfléchi et attentionné, toujours à chercher le moyen d'exprimer ses sentiments, que ce soit par le biais de l'art, de la poésie ou en envoyant des petits messages d'amour. C'est un individu fortement relié à son intuition et aux émotions des autres, ce qui lui permet de savoir ce que ressentent les personnes dont il est proche et de leur offrir du réconfort lorsqu'elles en ressentent le besoin.

Le Valet de Coupe en situation

Lorsque le Valet de Coupe apparaît dans un tirage, il peut nous parler du début de quelque chose dans lequel nous sommes investis sur le plan émotionnel. Sur le terrain romantique, cela peut être le commencement d'une nouvelle relation et évoquer les papillons dans le ventre, une sensation qui traduit la naissance du sentiment amoureux. Dans certains cas, cette carte peut exprimer notre sentiment d'abondance ou l'enthousiasme d'un partenaire.

Tous les Valets du tarot apprennent à vivre avec leur élément. Même si le Valet de Coupe est un personnage jeune, il ne décrit pas nécessairement un individu qui est au printemps de sa vie. Notre maturité émotionnelle n'est en rien liée à notre âge biologique. Cette carte peut mettre en évidence notre imprudence. Les premiers temps d'une relation amoureuse étant le plus souvent sous le signe de la passion, le Valet de Coupe nous met en garde et nous conseille de ne pas partager trop vite nos sentiments. Nous laisser aveugler par nos émotions nous empêcherait de lire correctement une situation et ses aspects purement pratiques.

Lorsqu'une personne a connu des moments difficiles, le Valet de Coupe peut suggérer d'apprendre à retrouver la confiance perdue. Si votre cœur s'est refermé après avoir vécu des échecs sentimentaux, cette carte vous apprend à le rouvrir lentement, avec l'espoir de trouver l'amour.

Le Valet de Coupe peut annoncer des informations de nature émotionnelle. Des lettres d'amour, des invitations romantiques et des nouvelles d'une naissance sont très probables.

Le Valet de Coupe et vous

- Vous souvenez-vous des premiers jours d'une nouvelle relation amoureuse et de ce que vous avez ressenti ?
- Ouvrez-vous trop facilement votre cœur aux autres ou êtes-vous plutôt du genre à retenir vos sentiments ?
- Dans quelle mesure êtes-vous connecté à votre intuition et vos sentiments ?

Mots-clés

Sensible, émotionnel, intuitif, capacité psychique, cœur ouvert.

La carte à l'envers : *égocentrique, émotionnellement immature, peu confiant, lunatique.*

Cavalier de Coupe

Comme tous les Cavaliers du tarot, le Cavalier de Coupe est en mouvement et il est à la poursuite d'un objectif déterminé. Dans la mesure où ce jeune homme (qui peut évidemment représenter une femme) est connecté à l'élément Eau et aux émotions, cette figure du tarot est généralement associée à la quête de l'amour.

Le Cavalier de Coupe incarné

Tous les Cavaliers sont motivés par leur élément et centrés sur leurs désirs. Dans le cas présent, ce Cavalier de Coupe est remué par les émotions qui l'habitent. D'un naturel enthousiaste, il n'est pas simplement à la recherche d'une personne avec qui partager sa vie, il cherche le Grand Amour.

Le Cavalier de Coupe apparaît souvent pour incarner l'amour dans un tirage. Le genre de cette carte n'a pas d'importance en comparaison de son intention. Ce Cavalier peut décrire n'importe quel individu qui a l'intention de s'engager émotionnellement avec une autre personne, même si cela n'est pas réaliste.

Si le Cavalier de Coupe est un symbole évident que l'on recherchera volontiers dans un tirage à caractère romantique, il peut aussi nous parler de n'importe quelle connexion entre des personnes, dès l'instant où celle-ci s'inscrit sur le terrain des émotions. S'il apparaît en tant que personne dans votre vie, cela voudra dire que vous êtes aimé et que l'on s'occupe de vous.

Dans une position difficile, le Cavalier de Coupe peut avoir tendance à négliger d'autres aspects de l'existence. Il peut être tellement accaparé par les sentiments qu'il peut en perdre le sens pratique ou oublier de réfléchir à certaines choses.

Le Cavalier de Coupe en situation

Tous les Cavaliers sont associés au mouvement. Le Cavalier de Coupe est plus constant et plus attentif à ses mouvements que ses cousins (notamment le Cavalier de Bâton et le Cavalier d'Épée), mais sa motivation reste tout aussi forte. Il peut indiquer un voyage émotionnel ou un week-end romantique, par exemple. Tous les déplacements qui ont un lien avec les émotions, comme un pèlerinage, peuvent être suggérés par cette carte.

Pour certains, cette carte décrit la quête d'un amour. Au mieux, le Cavalier de Coupe peut décrire la recherche d'une relation ou simplement d'une personne intéressée par une union. Le tout est que cette quête soit réaliste. Si la vision que nous nous faisons ne correspond à la réalité, c'est la déception assurée.

Dans le pire des cas, le Cavalier de Coupe peut être manipulateur. Dans une position compliquée ou inversée, il peut s'agir d'un individu qui s'amuse avec nos émotions ou qui n'est pas digne de confiance.

Le Cavalier de Coupe et vous

- Prévoyez-vous un petit voyage romantique ? Avez-vous reçu une invitation qui vous touche ?
- Le Cavalier de Coupe pourrait-il faire allusion à quelqu'un qui s'intéresse à vous ?
- Avez-vous besoin de révéler vos sentiments ou vos intentions romantiques à quelqu'un en ce moment ?
- Un nouvel amour vous semble-t-il « trop beau pour être vrai » ?

Mots-clés

Romantique, amant, rendez-vous galant, demande en mariage, voyage romantique.

La carte à l'envers : *attentes irréalistes, manipulation, amant obsessif, problèmes dans la sphère romantique.*

Reine de Coupe

La Reine de Coupe répond au fonctionnement de l'élément Eau, celui du royaume des émotions. Elle communique sur le terrain des sentiments et beaucoup se tournent vers elle lorsqu'ils ont besoin d'un support émotionnel.

La Reine de Coupe incarnée

Il y a de la douceur chez la Reine de Coupe. Animée par la compassion et réceptive aux besoins des autres, elle est une amie fidèle à qui l'on peut se confier en toute sécurité. Si l'on cherche quelqu'un avec qui partager ses problèmes, la Reine de Coupe sera toujours là pour nous écouter et nous décharger de nos soucis. Elle prête toujours une oreille attentive et ses conseils sont bien intentionnés. Elle est d'une nature si sensible qu'on la retrouve dans des professions d'assistance et de soutien dans lesquelles elle pourra offrir sa sagesse sincère à ses clients.

La Reine de Coupe est la plus intuitive des quatre Reines. Non seulement, elle est parfaitement consciente de ses propres sentiments mais elle est aussi très douée pour comprendre ceux des autres. Beaucoup pensent que, à l'image de tous les membres de la suite des Coupe, elle est douée de talents psychiques. C'est en effet une femme d'une grande spiritualité, qui peut employer sa sensibilité à des fins de clairvoyance ou de clairaudience. Elle peut travailler comme médium ou taromancienne, ou dans n'importe quel domaine qui a trait à la spiritualité dans sa partie conseil.

Si la Reine de Coupe peut accéder aisément aux royaumes cachés, elle a par contre du mal à fonctionner dans le monde matériel. Certains peuvent l'accuser d'être déconnectée de la réalité, et ils n'ont pas tort. Cette Reine peut être tellement immergée dans ses émotions ou la vie émotionnelle de ceux qu'elle rencontre, que les turpitudes matérielles du quotidien (payer ses factures, prendre soin de soi, etc.) peuvent lui passer au-dessus de la tête.

La Reine de Coupe en situation

En tant que nourricière, la Reine de Coupe peut symboliser un moment où nous avons besoin de réfléchir à nos émotions. Nous ne sommes pas tous à l'aise avec cette idée, et nous ne savons pas les manipuler correctement. Cette carte peut donc suggérer que nous fassions appel à une aide extérieure. Cela peut être un ami de confiance, une thérapeute ou même un guide spirituel. Consulter un cartomancien, prendre rendez-vous avec un coach ou rendre visite à un ami peut faire des merveilles et vous aider à calmer la tempête qui règne dans le royaume de vos émotions.

Dans un tirage, la Reine de Coupe peut nous inviter à agir comme elle le fait. Si quelque chose nous a inquiétés ou si nous ne sommes pas sûrs que la voie que nous sommes sur le point d'emprunter est la bonne, la Reine de Coupe peut nous conseiller de nous fier à notre intuition plutôt qu'à notre esprit rationnel. La Reine de Coupe nous demande ce que nous ressentons face à une situation déterminée. Vous est-il déjà arrivé d'avoir un sentiment fort à l'égard de quelqu'un, sentiment qui se confirme être vrai sans que vous puissiez l'expliquer ? La Reine de Coupe vous encourage à écouter vos émotions, plutôt que de construire votre opinion sur ce que vous pouvez voir et *pensez* savoir.

La Reine de Coupe et vous

- Êtes-vous connecté à vos émotions ?
- À quand remonte la dernière fois où vous avez fait confiance à votre intuition et où celle-ci vous a donné raison ?
- Connaissez-vous quelqu'un qui a les traits de la Reine de Coupe, une personne que vous considérez comme une amie attentionnée et douée d'une merveilleuse capacité d'écoute ?
- Votre vie émotionnelle est-elle en équilibre avec votre vie physique ?

Mots-clés

Empathique, émotionnel, sensible, attentionné, psychique.

La carte à l'envers : *irréaliste, trop émotif, égocentrique, déconnecté des émotions.*

Roi de Coupe

Le Roi de Coupe est connecté à ses émotions. Il est fort et capable de compassion, heureux de mettre au service des autres son empathie et son expérience émotionnelle lorsqu'ils traversent un moment difficile.

Le Roi de Coupe incarné

Tous les membres de la famille des Coupe sont administrés par l'élément Eau et ses émotions. Mais contrairement aux plus jeunes du clan et même à sa Reine, le Roi de Coupe ne se laisse pas guider par ses émotions. Il sait les contrôler et cela lui permet d'être de bon conseil puisqu'il sait gérer ses sentiments les plus profonds, même lorsque le monde semble s'effondrer autour de lui. Dans un rôle professionnel, cet individu guide les autres durant leurs expériences émotionnelles, avec simplicité et maturité, en étant capable de faire preuve de compassion, tout en les guidant de manière proactive sur le chemin de la guérison et de la compréhension de soi.

Dans les choses de l'amour, le Roi de Coupe est attentionné et compréhensif. C'est un personnage stable à l'écoute de vos pensées et de vos sentiments. S'il a un défaut, c'est peut-être celui d'être un peu froid. Dans la mesure où il contrôle ses idées et ses réactions, il donne parfois l'impression d'être distant ou dans la retenue de ses sentiments profonds.

Dans une position difficile, le Roi de Coupe peut être manipulateur. Il comprend si bien le fonctionnement des autres que ça lui permet de les escroquer ou de frauder. Son empathie et sa compréhension peuvent être une façade érigée pour extorquer ce qu'il veut de nous. En position inversée, cette carte est un avertissement et nous demande de nous interroger sur les personnes en qui nous pouvons effectivement avoir confiance.

Le Roi de Coupe en situation

Êtes-vous actuellement impliqué dans une situation ou une relation qui vous affecte sur le plan émotionnel ? Le Roi de Coupe peut suggérer que vous avez tendance à vous détacher de vos sentiments et à approcher les choses d'une manière plus rationnelle et logique. Ce n'est pas toujours simple. Lorsqu'il est question des émotions d'un tiers, il est vital d'avoir une implication responsable et pratique, sans quoi on peut être assailli par les besoins des autres qui voient dans nos forces le moyen d'affronter ce que les leurs ne leur permettent pas.

Le Roi de Coupe peut suggérer une maturité émotionnelle mais peut aussi se présenter comme un conseiller digne de confiance et capable de compassion. Compte tenu de l'ordre des cartes dans le système de cour, le Roi pourra endosser le rôle de celui qui vous aide grâce à la profession qu'il exerce (un thérapeute, un conseil ou un médecin, par exemple), plutôt qu'être l'oreille amicale d'une personne altruiste de nature. Expérimenté dans le monde des relations personnelles et des émotions, le Roi de Coupe ne permet pas à ces émotions de brouiller sa vision d'une situation ou de prendre le contrôle de ses sentiments.

Le Roi de Coupe et vous

- Vers qui vous tournez-vous pour chercher du soutien lorsque les choses se compliquent ?
- Quelle est l'importance de se détacher de ses sentiments lorsqu'une situation émotionnellement perturbante se présente ?
- Comment quelqu'un comme ce Roi, doué de compréhension émotionnelle et de compassion, peut-il devenir manipulateur ?
- Pouvez-vous citer des situations où le fait de ne pas dire ce que vous ressentez pourrait vous être préjudiciable ou donner de vous l'image d'une personne froide et indifférente aux autres ?

Mots-clés

Aimer, soutenir, empathique, contrôler ses sentiments, conseiller.

La carte à l'envers : *manipulateur, indigne de confiance, froid, antisocial.*

ÉPÉE

As d'Épée

Comme tous les As, l'As d'Épée peut être vu comme une graine ou une semence. Dans l'élément Air, ce sont les pensées et les idées nouvelles.

On peut utiliser une simple Épée pour dissiper le doute ou la confusion. Cette carte fait souvent référence à une compréhension ou à une clarté nouvelle. Elle peut se présenter comme un flash de lucidité, un moment de « Ah mais oui, mais c'est bien sûr ! », quand tout à coup tout devient plus clair.

Lorsque cette carte apparaît dans une lecture, elle peut symboliser une nouvelle idée qui nous vient à l'esprit. En soi, l'idée peut être relativement simple, mais en la nourrissant et en la considérant, elle peut s'amplifier et devenir bien plus importante. Tous les grands livres, toutes les inventions ont commencé par une idée toute simple.

L'As d'Épée en situation

La suite des Épée peut parfois être liée aux conflits. C'est également souvent dans les moments difficiles qu'une nouvelle idée surgit ou qu'une solution potentielle fait son apparition pour provoquer un changement. Parce que les Épée peuvent fendre une difficulté, cette carte offrira son meilleur potentiel lorsqu'il s'agira de trouver une solution à un problème ou de clarifier quelque chose qui nous avait échappé jusque-là.

Beaucoup comparent l'As d'Épée à une ampoule qui s'allume dans notre tête. Cette carte peut donc se présenter dans un tirage pour signifier qu'il serait intéressant de réfléchir à une nouvelle manière d'agir. Dans une situation juridique, cette carte peut faire allusion à la vérité qui vient d'être découverte ou à l'ajout d'informations qui permettent de faire avancer une affaire.

L'As d'Épée incarné

La personne décrite par cette carte est douée d'une imagination fertile. Ce n'est pas nécessairement une personne qui pense beaucoup, mais son esprit est un véritable incubateur de nouvelles idées brillantes et imaginatives. C'est un individu qui aime réfléchir à de nouvelles façons de faire les choses et de trouver des solutions aux problèmes.

En plus d'être connectées à nos pensées, les Épée sont également liées à la communication. Exprimer la vérité fort et clair est une préoccupation majeure d'une personne représentée par l'As d'Épée.

L'As d'Épée et vous

- Vous souvenez-vous d'une petite idée qui a provoqué un grand changement dans votre vie ?
- Qu'est-ce qui pourrait vous aider à y voir plus clair dans une situation déterminée ?
- Quelle vérité devez-vous exprimer à ce moment précis ?
- Comment une situation potentiellement difficile pourrait-elle devenir le terreau d'une idée nouvelle et innovante ?

Mots-clés

Idées, pensées, clarté, communication, vérité, être intelligent.

La carte à l'envers : *confusion, doute, manque de compréhension, mensonges.*

Deux d'Épée

Dans le tarot traditionnel, l'épée représente une idée. Mais que se passe-t-il lorsque deux épées sont représentées ? Chacune d'elles peut offrir une perspective intéressante et crédible, mais laquelle des deux choisir ?

Le Deux d'Épée peut renvoyer à l'idée de choix dans un tirage. Le problème auquel nous sommes confrontés tient justement à l'option qu'il convient de choisir. L'indécision nous empêche d'aller de l'avant.

Le Deux d'Épée en situation

Nous avons tous expérimenté le Deux d'Épée au cours de notre vie. Devoir choisir est un dilemme qui se présente très souvent. Par exemple, il se peut que l'on ait à choisir entre deux universités, deux relations amoureuses ou plusieurs manières d'aborder un problème. N'avez-vous jamais vécu une situation qui présente deux options au demeurant parfaitement satisfaisantes, vous mettant dans l'impossibilité de choisir l'une plutôt que l'autre ?

Lorsque cette carte se présente dans un tirage, les choses peuvent donner l'impression d'être au point mort. Il peut s'agir d'un conflit interne. Elle peut aussi représenter les épées bloquées du sujet sur lequel portent le tirage ainsi qu'un adversaire. Si la carte suggère une dispute ou une impasse, le Deux d'Épée confirme qu'aucun des deux partis n'est pour le moment en mesure de bouger. Nous devrons par conséquent faire preuve de bon sens pour déterminer la prochaine étape. La suite des Épée est relative à un fonctionnement cérébral rationnel. Dans la plupart des cas, cette carte nous aide à y voir plus clair, mais lorsqu'on ne trouve pas de solution, le Deux d'Épée peut nous suggérer de faire appel à une assistance extérieure.

Le Deux d'Épée incarné

En tant que personne, le Deux d'Épée représente un indécis. Lorsqu'un individu est décrit par cette carte, il s'agit de quelqu'un qui trouve que les décisions à prendre dans la vie sont lourdes de conséquence, quels que soient les sujets. Étant une personne réfléchie, elle suranalyse les options et coche tous les *pour* et tous les *contre* de chaque possibilité. Si parfois c'est bien l'attitude à adopter, le Deux d'Épée ferait mieux de faire son choix en ce basant sur ce qu'il sait déjà.

La personne décrite par cette carte sera souvent déconnectée de ses sentiments et de ses émotions. Il peut s'agir d'une personne dans le déni ou qui préférera enterrer ses sentiments relatifs à une situation déterminée. C'est pour cette raison qu'elle aura toutes les difficultés du monde à dépasser un traumatisme et à trouver le chemin de la guérison.

Le Deux d'Épée et vous

- Utilisez-vous votre cœur ou votre tête pour prendre une décision ?
- Que pourriez-vous éviter à ce stade ?
- Devez-vous aujourd'hui prendre une décision ? En quoi la vie serait-elle meilleure si vous faisiez ce choix ?
- En quoi la compassion pourrait vous aider à aller de l'avant avec une personne avec laquelle vous êtes en conflit en ce moment ?

Mots-clés

Choix, éviter les décisions, déni, impasse.

La carte à l'envers : *agir, prendre une décision qui vous échappe, faire face à des problèmes.*

Trois d'Épée

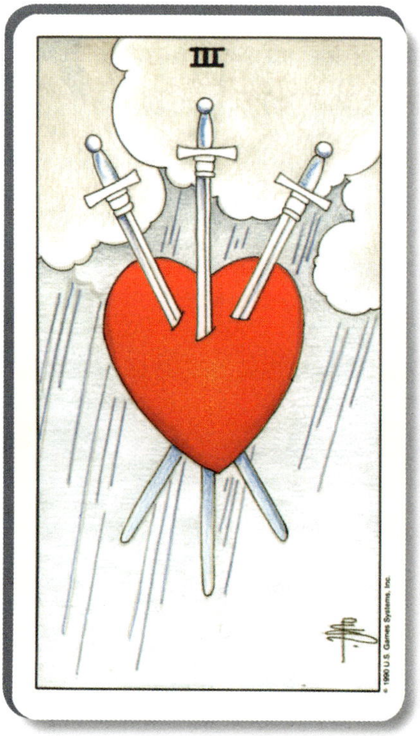

Si les cartes de la suite des Épée sont attachées aux pensées et à la communication, leur apparition dans un tirage peut parfois être gênante. L'une des cartes généralement associée à la douleur est le Trois d'Épée.

Cette carte est souvent liée à un chagrin d'amour et à la tristesse. Dans certains tirages, elle peut être relative à une rupture ou à une dispute, mais il peut aussi s'agir d'une peine du passé. Le cœur n'est pas seul à pouvoir être blessé par des sentiments douloureux, les effets du Trois d'Épée pouvant également affecter l'esprit.

Dans toutes les cartes du tarot, qu'elles soient positives ou négatives, il y a toujours une place pour la perspicacité et la croissance. Lorsque nous sommes blessés par des mots durs, laissons-nous notre cœur s'empoisonner ou faisons-nous de notre mieux pour réparer les dégâts et apprendre de cette expérience désagréable ? Le Trois d'Épée peut sembler injuste et amèrement méchant dans un tirage, mais il est accompagné d'un certain nombre de responsabilités qu'il convient de prendre. Allons-nous laisser nos expériences nous contrôler ou faire le premier pas sur le chemin de la guérison ?

Le Trois d'Épée en situation

Bien que la suite des Épée dépende en premier lieu de l'esprit, le Trois d'Épée fera son apparition si vous avez le cœur brisé ou si vos sentiments sont heurtés. Dans ce cas, il apparaîtra pour suggérer la rupture d'une relation. La troisième épée pourra ainsi indiquer la nécessité d'introduire une tierce personne pour tenter de résoudre les problèmes du couple.

Si le Trois d'Épée apparaît dans un tirage qui n'est pas en lien avec les affaires de cœur, alors il peut décrire des disputes sans conséquence. Si celles-ci n'ont pas une grande influence sur une situation, elles peuvent néanmoins entraîner une séparation temporaire ou une pause qui permettra au couple de faire le point et de panser ses blessures.

Le Trois d'Épée incarné

Le Trois d'Épée décrira une personne qui souffre. Elle peut ressentir une peine profonde résultant d'une séparation dont elle n'arrive pas à faire le deuil. Dans certains cas, le premier pas vers la guérison consiste à pardonner. C'est le meilleur moyen pour ne pas avoir à porter sa peine plus longtemps. Il arrive cependant que la personne ne soit pas prête à se décharger de sa peine. Cette carte représente ceux qui ont des difficultés à aller de l'avant dans ce type de situation, mais aussi d'autres qui exploreront consciencieusement les aspects sombres de la vie et de l'expérience.

Lorsqu'il représente une personne dans un tirage, le Trois d'Épée peut nous parler de quelqu'un qui est prisonnier d'un profond chagrin. Elle peut être très affectée par la perte d'un être cher, sans plus parvenir à aller de l'avant. S'il s'agit de la personne concernée par la lecture, il est recommandé de lui conseiller un professionnel expérimenté qui saura l'accompagner dans son deuil.

Le Trois d'Épée et vous

- Avez-vous vécu une dispute qui vous a beaucoup blessé ou qui vous a conduit à une séparation ?
- Comment avez-vous appris à vous guérir d'un deuil ou d'une rupture ?
- Connaissez-vous quelqu'un qui s'attarde sur les aspects difficiles de son expérience et qui montre peu d'intérêt à aller de l'avant ?
- Comment pardonner pourrait vous aider à vous libérer de quelque chose qui a eu lieu ?

Mots-clés

Cœur brisé, deuil, disputes, rupture d'une relation.

La carte à l'envers : *guérir, éviter les problèmes, pardonner.*

Quatre d'Épée

Pour donner le meilleur de nous-même, des pauses dans le fil de notre vie sont nécessaires. Le Quatre d'Épée est une carte qui appelle au repos et à la récupération, non seulement du corps mais aussi de l'esprit.

Nous sommes nombreux à mener une vie trépidante. En plus de la famille, des amis et de la carrière, beaucoup se chargent aussi d'une activité intense sur les réseaux sociaux et d'une variété de hobbies et des groupes sociaux qui les accompagnent. Courir d'un endroit à l'autre peut conduire à un épuisement physique qui peut être réparé par quelques bonnes nuits de sommeil. Pas si simple par contre de récupérer sur le terrain psychologique. Apaiser ses pensées et calmer ses inquiétudes est en effet plus compliqué. Le Quatre d'Épée peut jouer le rôle d'un avertisseur et suggérer ce qu'il convient de faire.

Le Quatre d'Épée en situation

Le Quatre d'Épée peut apparaître après la traversée d'une épreuve pour nous inciter à marquer une pause. Dans le cas d'une rupture, par exemple, la carte suggère de prendre du recul pour respirer. Si c'est après une période de maladie ou après une opération, le Quatre d'Épée nous encourage à prendre un vrai temps de récupération.

Dans la mesure où la suite des Épée est connectée à l'esprit, cette carte invite souvent à apaiser nos pensées. Il peut s'agir de marquer une pause ou de faire une séance de méditation, par exemple.

Le Quatre d'Épée incarné

La personne décrite par le Quatre d'Épée peut être d'un naturel calme et doux. Cette carte peut nous parler d'un individu qui sait contrôler ses pensées et qui sait que le silence est une force plus grande que l'agressivité, surtout lorsqu'il est question de rechercher la vérité. Dans notre quotidien, cette carte peut représenter une personne calme et détendue en période de crise.

Quand elle est dans une position difficile, la nature sereine du Quatre d'Épée peut poser problème. Elle peut nous parler d'un individu qui ne se défend pas ou qui est paresseux. L'absence de réactions à des événements importants peut en effet générer de la frustration.

Le Quatre d'Épée et vous

- Avez-vous besoin aujourd'hui de marquer une pause ou de prendre des vacances ?
- À quoi pourrait vous conduire un surmenage physique ou émotionnel aujourd'hui ?
- Comment pouvez-vous commencer à vous débarrasser de vos pensées toxiques ou inquiétantes ?
- Quelle est la personne la plus détendue et la plus calme que vous connaissez ? Connaissez-vous son secret pour ne pas laisser la vie prendre le dessus sur elle ?

Mots-clés

Repos, récupération, méditation, période de calme.

La carte à l'envers : *travailler trop, réfléchir trop, ignorer les signes qui montrent qu'une pause est nécessaire, paresse.*

Cinq d'Épée

Nous sommes tous confrontés à des situations conflictuelles. Il est pratiquement impossible de les éviter, surtout dans le monde moderne, qu'elles se produisent dans le couple ou dans une simple relation amicale. Le Cinq d'Épée nous parle de petites et de grandes disputes.

C'est une carte de bataille et pas de celles qui sont équilibrées et salutaires, mais plutôt de celles qui conduisent à la défaite cuisante de l'une des deux parties. Inévitablement, les disputes débouchent sur un gagnant et sur un perdant. Perdre conduit à la déception. Gagner dans ces conditions donne un goût amer à la victoire, l'agressivité n'étant pas une solution satisfaisante.

Le Cinq d'Épée en situation

Dans sa version positive, le Cinq d'Épée décrira ces moments où, fort de notre défense, nous remportons la victoire. Elle peut suggérer une situation dans laquelle votre revendication est entendue ou dans laquelle il est impératif de ne rien lâcher tant que la victoire n'est pas acquise. Bon nombre de personnes, cependant, abordent cette carte par son aspect plus sombre : elle se manifeste souvent comme un barrage routier que l'on ne peut passer, quels que soient les efforts fournis.

Si admettre la défaite n'est pas la meilleure des options, cela démontre pourtant une force certaine. Lorsqu'un opposant est trop fort et si nous savons parfaitement que le combat mènera à sa victoire, n'est-il pas parfois plus raisonnable de se retirer plutôt que de se faire démolir ? Bien que cette carte évoque essentiellement des conflits interpersonnels, elle peut également apparaître lorsqu'il est question de conflits avec le gouvernement, avec un employeur ou n'importe quelle organisation structurellement plus forte.

Le Cinq d'Épée incarné

Il incarne quelqu'un de fort. Du fait de la connotation négative de cette carte, cette personne peut être impitoyable et dénuée de sentiments à l'égard de ses adversaires.

L'individu décrit par le Cinq d'Épée est querelleur, parfois pour le simple plaisir du conflit. Décrivant un individu qui aime la victoire quel qu'en soit le prix, cette carte évoque une personne capable de coups bas ou qui pourra blesser intentionnellement.

Il nous arrive à tous d'être confronté à ce type d'individu et cette carte nous suggère la plus grande prudence dans cette situation. Faut-il vraiment répondre par la violence ou pouvons-nous considérer qu'un sourire en passant son chemin est plus digne et plus sûr ?

Le Cinq d'Épée et vous

- Pouvez-vous juger de la pertinence d'un conflit ?
- Que signifie pour vous une victoire vaine ?
- Vous souvenez-vous d'un événement où il aurait été préférable d'abandonner un conflit ou une dispute plutôt que de vous y engager ?
- Vous souvenez-vous avoir remporté une victoire aux dépens des sentiments de la personne à laquelle vous étiez opposé ?

Mots-clés

Défaite, perte, bataille, conflit.

La carte à l'envers : *s'accrocher au ressentiment, fuir le conflit.*

Six d'Épée

Le Six d'Épée est une carte de transition. S'il peut représenter un voyage physique, il est plus souvent associé à un voyage de l'esprit. Les difficultés de la vie peuvent être prises pour des enseignements et cette carte constitue la reconnaissance de ces choses que nous avons apprises en traversant des épreuves.

En principe, cette carte porte sur le passage d'une situation perturbante à un endroit plus rassurant. Pour beaucoup, le Six d'Épée offre un horizon serein et le temps nécessaire pour penser aux événements qui ont pu être problématiques. Si l'on se trouve dans l'œil du cyclone, cette carte peut suggérer que les temps à venir seront plus cléments. Elle nous encourage aussi à faire le premier pas vers un endroit plus sûr en éloignant les personnes toxiques et les drames qui leur sont généralement associés.

Le Six d'Épée en situation

Le Six d'Épée nous demande de passer outre les émotions pour nous concentrer sur les faits. Rien n'est plus simple que de se laisser submerger par des problématiques liées aux émotions. Le Six d'Épée nous suggère de nous concentrer et de tenter d'y voir plus clair. Dans la plupart des cas, s'extraire d'une situation est le seul moyen pour prendre du recul et les décisions qui s'imposent.

Traditionnellement, le Six d'Épée est annonciateur de voyages, en particulier sur l'eau. Faire une pause, qu'il s'agisse d'un week-end ou de vacances, peut constituer un bon moyen pour se vider l'esprit après un moment difficile.

En plus des voyages physiques, le Six d'Épée peut suggérer un voyage de l'esprit. Lorsque cette carte apparaît dans un tirage, cela peut être pour nous inciter à envisager les choses sous un autre angle ou pour nous suggérer de libérer de la colère ou des regrets. La transition suggérée peut concerner une refonte complète de nos croyances et de nos valeurs. Toute personne qui a transformé sa vie pour le meilleur en coupant avec des relations ou des influences perturbantes saura reconnaître le message de cette carte.

Le Six d'Épée incarné

Il est probable que la personne décrite ici est passée par une période de souffrance. Dans cette optique, elle peut porter assistance à des personnes qui vivent des moments similaires.

La personne incarnée par le Six d'Épée a une influence apaisante qui peut nous transporter émotionnellement en un lieu où l'on pourra de nouveau respirer normalement. Il peut s'agir d'un ami ou d'un conseil qui nous aide à garder la distance nécessaire pour traverser des moments de crise.

Par son lien avec la notion de voyage, le Six d'Épée décrira des voyageurs de toutes natures. Ils pourront travailler dans l'industrie du tourisme ou voyager sac au dos pour découvrir le monde.

Le Six d'Épée et vous

- Comment se libérer des personnes toxiques et des situations difficiles ?
- Prévoyez-vous des voyages à court terme ?
- Quelqu'un vous a-t-il déjà aidé à progresser dans les eaux troubles d'une situation difficile ?
- Comment pouvez-vous aider une personne actuellement en état de stress ou dans une situation de conflit ?

Mots-clés

Transition, guérison, voyage, surmonter les émotions avec l'esprit.

La carte à l'envers : *rester dans une situation difficile, être votre propre pire ennemi, être incapable de garder la tête hors de l'eau.*

Sept d'Épée

Le Sept d'Épée est, pour beaucoup, une carte considérée comme difficile. La vie serait plus simple si nous avions la capacité de déceler la malhonnêteté chez les autres et si la tromperie comme les autres comportements déloyaux pouvaient apparaître clairement dans nos lectures. Mais le Sept d'Épée est une carte difficile à manipuler. Comme d'autres dans le jeu, elle peut éveiller des craintes tant chez le cartomancien que chez la personne qui consulte.

Le Sept d'Épée a la réputation d'être sournois, mais dans certaines situations, il y a peut-être une bonne raison à cela. Les gens dissimulent la vérité pour de multiples raisons. Si un partenaire infidèle ou un homme d'affaires malhonnête peut être découvert par cette carte, le Sept d'Épée peut aussi mettre en évidence des informations jusque-là gardées secrètes pour épargner les sensibilités.

Le Sept d'Épée en situation

Le Sept d'Épée est une carte à surveiller parce qu'elle peut nous parler d'un individu qui cache quelque chose. Si cela peut être pour notre bien, c'est aussi et surtout dans l'intention de tromper et de manipuler. La carte pourrait confirmer le sentiment que nous avions à l'égard d'un ami ou d'un proche, mais elle peut aussi indiquer la nécessité de s'attarder sur les petites lignes d'un contrat professionnel ou de faire attention à l'investissement que nous sommes sur le point d'engager.

Le Sept d'Épée représente ceux qui pourraient voler nos idées ou nous espionner. Dans la mesure où c'est chose courante sur Internet, cette carte peut nous inviter à ajuster les paramètres de notre connexion ou à faire attention aux informations que nous partageons.

Sous une lumière plus positive, le Sept d'Épée représente le fait de s'affirmer et d'avoir une longueur d'avance sur les autres : organiser une fête d'anniversaire surprise ou cacher une grossesse précoce, par exemple. Si vous êtes secrètement à la recherche d'un emploi, mieux vaut ne pas en parler tant que vous n'avez pas une offre sérieuse et concrète.

Le Sept d'Épée incarné

Le Sept d'Épée décrit un large spectre d'individus malhonnêtes. Dans le pire des cas, il peut désigner des escrocs ou un partenaire adultère. Cela étant, cette carte nous parle avant tout de ceux qui font des « petits mensonges » ou qui déforment un peu la vérité à leur avantage.

Sous une lumière positive, le Sept d'Épée décrit un individu qui sort des sentiers battus et se sert de son intelligence pour aller de l'avant. Il peut s'agir d'une personne rusée qui a besoin de toute sa vivacité d'esprit pour réussir. Dans ce sens, cette carte décrit l'intelligence, l'indépendance et le besoin de se mettre en avant. Dans certaines lectures, il peut s'agir d'une compétence vitale pour survivre.

Le Sept d'Épée et vous

- Êtes-vous honnête avec ceux qui vous entourent ?
- Quand les petits mensonges sont-ils acceptables ?
- Vous souvenez-vous d'une époque à laquelle votre confiance a été abusée ?
- Quand on pense au vol, on pense aux biens volés. Pouvez-vous penser à d'autres choses qui pourraient vous être volées ?

Mots-clés

Tromperie, vol, personne rusée, égoïsme, malhonnêteté.

La carte à l'envers : *malhonnêteté révélée, mensonges dévoilés, quelque chose qui a été pris est trouvé ou rendu.*

Huit d'Épée

Les pensées peuvent être utilisées de tant de façons, elles sont inventives et imaginatives. Le Huit d'Épée, lui, nous rappelle comment nous pouvons les utiliser pour confiner et contraindre notre imagination, plutôt que de la développer. Nous sommes parfois notre pire ennemi. Plutôt que de doper notre confiance, nous doutons et nous nous discréditons. C'est d'ailleurs très simple à faire et cela peut stopper net l'élan, même celui des plus forts d'entre nous.

Lorsque le Huit d'Épée se présente dans un tirage, il illustre un obstacle qui se situe en nous-même. Ce sont nos propres peurs et notre manque de confiance en nous qui nous enferment et nous laissent le sentiment d'être pris au piège.

Le Huit d'Épée en situation

Certains cartomanciens considèrent que le Huit d'Épée représente une situation physique qui enferme le consultant. Si c'est parfois vrai, la carte nous rappelle que nous sommes notre propre geôlier, bien plus que le monde qui nous entoure. Le Huit d'Épée peut apparaître pour une personne qui se sent coincée dans une relation toxique. Il lui rappelle qu'en réalité ce sont ses peurs qui la retiennent et non son partenaire.

En situation, le Huit d'Épée décrira des occasions dans lesquelles on se sent incapable d'aller de l'avant ou de dire le fond de notre pensée. Même si nous savons ce qui est nécessaire, il n'est pas toujours facile de trouver les mots ou d'avoir confiance en soi pour passer à l'action. La peur peut paralyser. Des blessures du passé ou une analyse critique des autres peut nous amener à croire que nous ne sommes pas dotés de ce qu'il faut. Cette carte suggère en réalité qu'il suffit parfois de changer de perspective pour nous libérer de nos chaînes.

Le Huit d'Épée incarné

Le Huit d'Épée nous parle d'un individu qui se sent contraint. Dans certains cas, cette carte représentera une personne qui est physiquement restreinte. Cela peut être le cas si elle est incarcérée, mais aussi si elle est alitée, handicapée, incapable de voyager ou liée par des accords juridiques ou des formalités administratives.

Le plus souvent, la personne décrite par le Huit d'Épée est contrainte par ses propres pensées. Pour cette raison, cette carte peut représenter un individu de nature peureuse, timide ou trop nerveuse pour s'exprimer correctement. Dans certains cas, les raisons peuvent être plus profondes, la carte décrivant par exemple un sujet qui n'a pas confiance en lui ou qui est habité par des pensées destructrices.

Le Huit d'Épée et vous

- Comment votre insécurité vous empêche-t-elle d'aller de l'avant ?
- Dans quel domaine vous sentez-vous limité ?
- Quelles sont les pensées ou les autocritiques qui vous empêchent d'avancer ?
- Quelles sont les limites qui vous ont été imposées, par vous-même ou par les autres ?

Mots-clés

Sentiment d'être piégé, restriction, blocage mental, insécurité, pensées limitantes.

La carte à l'envers : *aller vers la liberté, libre pensée, libération.*

Neuf d'Épée

Vous est-il arrivé de vous réveiller au beau milieu de la nuit, submergé par l'inquiétude ? Était-ce un cauchemar ou une contrariété qui vous a suivi jusqu'au crépuscule ? Que les peurs s'expriment de jour ou de nuit, le Neuf d'Épée représente ces moments où nous sommes prisonniers de nos inquiétudes et de nos angoisses.

Le plus souvent, les choses qui nous préoccupent n'aboutissent à rien. On pourrait passer des heures à s'inquiéter pour quelque chose qui finalement n'aura pas lieu. On peut craindre que notre partenaire soit infidèle, d'être gravement malades ou de ne pas gagner assez d'argent pour rembourser nos dettes. S'il est vrai que l'inquiétude n'aide en rien à résoudre les problèmes et que la plupart de nos angoisses ne se concrétiseront probablement pas, s'inquiéter peut conduire à de véritables crises de panique et, *a minima*, à des nuits parfaitement blanches.

Il faut se souvenir que lorsque le Neuf d'Épée apparaît dans un tirage, ce ne sont pas nos inquiétudes qui sont concernées, mais nos pensées. Dans la réalité, les pensées ne devraient pas être en mesure de nous affecter. Lorsque l'on commence à s'inquiéter inutilement (et ce sera le cas si cette carte apparaît dans un tirage), il suffit de se rappeler qu'à moins d'être en présence de faits avérés, tout le reste ne relève que de la fiction. À moins que les faits ne nous indiquent qu'il y a vraiment de quoi s'inquiéter, inutile de fantasmer sur ses éventuelles conséquences négatives.

Le Neuf d'Épée en situation

En son for intérieur, le Neuf d'Épée suggère que l'inquiétude a gravement fait empirer la situation. Cela peut concerner une situation réellement préoccupante. Peut-être êtes-vous sur le point de passer un examen ou de recevoir des résultats d'analyses médicales. Vous pouvez également vous inquiéter de l'état de santé de l'un de vos proches. Le champ émotionnel peut alors prendre le pas sur le reste dans des proportions très importantes, au point de prendre le contrôle sur l'esprit qui cesse, dès lors, de raisonner de manière rationnelle.

Le Neuf d'Épée peut être une carte solitaire et, comme nous le savons, lorsque nous avons quelque chose en tête, on peut se sentir très seul face à nos soucis, et le fait d'être bien entouré n'y change rien. Dans une situation compliquée, cette carte nous suggère de parler avec quelqu'un des peurs qui nous terrassent. Parfois, le meilleur moyen de réduire une inquiétude à sa plus simple expression consiste à en parler, tout simplement. Se livrer à une personne de confiance peut libérer des peurs.

Le Neuf d'Épée incarné

Le Neuf d'Épée peut représenter un individu qui souffre d'anxiété. Dans la mesure où certains parviennent à cacher leurs émotions (et à se les cacher), cette carte peut révéler une peur profondément enfouie. Le stress est un problème véritable, il peut affecter la santé émotionnelle, mentale et physique d'un individu. Cette carte peut représenter la première étape vers une résolution des problèmes liés aux peurs.

Dans sa version la plus difficile, le Neuf d'Épée évoque une personne profondément pessimiste, qui s'inquiète de tout, sans raison. Bien qu'il soit important de prendre en considération les préoccupations des autres, certains sont simplement rongés par l'inquiétude et il est difficile de se positionner vis-à-vis d'eux. Ils sont incapables de faire la différence entre un drame et une crise passagère, se nourrissant des deux pour alimenter leurs angoisses.

Le Neuf d'Épée et vous

- Y a-t-il une contrariété qui vous empêche de dormir ? Si oui, laquelle ?
- Dans quelle mesure vos inquiétudes sont-elles réelles ?
- Vous souvenez-vous d'une inquiétude qui s'est avérée totalement inutile ?
- À qui faites-vous suffisamment confiance pour partager vos inquiétudes ?

Mots-clés

Inquiétude, anxiété, peur, cauchemars, nuits blanches.

La carte à l'envers : *dépression, surmonter la peur, accepter de l'aide.*

Dix d'Épée

Comme une poignée de cartes de sa suite, le Dix d'Épée est connu pour être une carte difficile. De nombreux traditionalistes la comparent aux heures les plus sombres qui précèdent le lever du soleil, suggérant la fin pénible et douloureuse d'une situation. C'est l'une des cartes les moins souhaitées du tarot, mais si elle est le miroir des hauts et des bas propres à une existence, il est important que les aspects sombres et lumineux soient représentés.

Malheureusement, tout ne fonctionne pas comme nous le voudrions. Si certaines relations se terminent à l'amiable et si la carrière de certains suit une croissance constante tout au long de leur existence, beaucoup d'entre nous vivent des ruptures douloureuses et de cuisants échecs, avec la désagréable sensation d'être rejeté par le monde. Le Dix d'Épée met en lumière la douleur endurée à la suite d'une épreuve, mais croyez-moi, elle ne vous tuera pas. Bien au contraire, cette carte nous rend probablement plus fort sur le long terme.

Même si le Dix d'Épée n'est pas souhaité dans un tirage, son apparition est possible et il faut se dire que la lumière finira bien par arriver au bout du tunnel. Aussi pénible que soit la fin, tout finit par passer, la douleur aussi.

Le Dix d'Épée en situation

Le Dix d'Épée décrit généralement une fin brutale, une situation qui se termine d'une manière inattendue et désagréable. Aussi stressante et bouleversante soit-elle, la transformation qu'elle induit est pourtant nécessaire. Pour certains, voir cette carte sur la table est la confirmation de la douleur qu'ils vivent. D'une certaine manière, ce n'est pas plus mal que le Dix d'Épée apparaisse, cela signifie au moins que les choses ne peuvent pas empirer et qu'à partir de maintenant, elles vont aller en s'améliorant.

Le Dix d'Épée peut représenter l'issue d'une mésentente, d'une dispute ou d'un mauvais choix. Il peut suggérer la rupture difficile d'une relation ou les blessures occasionnées par une situation humiliante. Quelle que soit la cause de cette douleur, comme tout, cela aussi ça passera. Si vous vivez certainement les heures les plus sombres de la nuit, l'aurore n'est plus loin.

Le Dix d'Épée incarné

Le Dix d'Épée représente une personne qui est au plus bas. Elle peut se sentir épuisée et avoir perdu l'envie de continuer à se battre. Ces signes apparaissent lorsque l'on voit un être cher souffrir d'un déclin mental ou émotionnel. Cette carte pourrait alors nous suggérer de lui venir en aide avant qu'il ne touche le fond.

Lorsqu'un individu est décrit par le Dix d'Épée, la seule voie envisageable est celle de la remontée. En dépit de l'affection que l'on peut éprouver pour une personne dans cette situation, on doit attendre d'elle une certaine responsabilisation. Beaucoup l'envisageront comme un nouveau départ et tireront une expérience de la situation vécue, aussi pénible soit-elle. Mais nous ne sommes pas tous faits du même bois, certains n'essaieront pas de trouver les moyens de s'extirper de la situation et resteront bloqués à cette étape de leur vie aussi longtemps qu'il le faut.

Le Dix d'Épée et vous

- Vous souvenez-vous d'une situation dont l'issue a été difficile mais qui est maintenant bel et bien derrière vous ?
- Jusqu'à quel point une situation doit-elle être douloureuse avant que vous ne concédiez à demander l'aide ?
- En quoi le Dix d'Épée pourrait-il être utile à une personne en souffrance ?
- Quel est le danger de s'attarder sur une situation difficile ?

Mots-clés

Fin difficile, douleur, souffrance, sentiment d'être trahi.

La carte à l'envers : *libérer la douleur, aller de l'avant, éviter le rétablissement.*

Valet d'Épée

Le Valet d'Épée regorge d'idées. C'est une créature de l'esprit, qui réfléchit beaucoup et curieuse de tout.

La curiosité naturelle est fréquemment associée aux jeunes enfants. Ils posent des questions sur tout, veulent comprendre le fonctionnement des choses et la raison de leur existence. Leur esprit curieux est en quête permanente d'informations. On pourrait presque entendre les mécanismes de leur cerveau se mettre en marche lorsqu'ils préparent une nouvelle question ou réfléchissent à une nouvelle idée. Le Valet d'Épée siège dans l'esprit de tous les curieux. Ils aiment imaginer de nouvelles solutions et sont enthousiastes à l'idée de trouver la vérité quelle que soit la situation.

Le Valet d'Épée incarné

Bien que collecter des informations puisse s'avérer nécessaire, il peut arriver que la curiosité naturelle soit excessive et, dans la tradition du tarot, le Valet d'Épée est souvent associé à une recherche d'informations que l'on pourrait qualifier de sournoise. En effet, lorsque cette carte est dans une position difficile, il peut être question de méthodes excessives pour obtenir ce que l'on cherche, qui peuvent aller jusqu'à l'espionnage ou au harcèlement. La carte met alors en lumière une personne prête à tout pour arriver à ses fins.

Le Valet d'Épée en situation

Il nous arrive à tous d'emprunter les traits du Valet d'Épée, pour effacer un doute ou trouver une nouvelle manière de résoudre un vieux problème, par exemple. Lorsque le Valet d'épée apparaît dans un tirage, il peut être question de rechercher des informations et d'approfondir notre compréhension sur un sujet spécifique. Le Valet d'Épée peut être jeune d'apparence et sembler manquer d'expérience, mais c'est parfois justement cette fraîcheur qui est requise pour aller plus loin. Sa manière enfantine d'observer une situation ne doit pas être prise à la légère.

Comme tous les Valets, le Valet d'Épée peut être porteur de messages dans un tirage. Administré par l'élément Air, qui est lié aux pensées et à la communication, le Valet d'Épée peut prédire des annonces qui s'exprimeront par la voie orale et des appels téléphoniques. Il peut aussi être question d'informations sur des projets de voyage.

Il est important de se souvenir que même si l'on est à la recherche d'informations, toutes les nouvelles ne sont pas fortuites ou les bienvenues. Le Valet d'Épée, lorsqu'il est dans une position compliquée, peut être porteur de messages difficiles ou nous parler d'un individu qui a une tendance malsaine à colporter les ragots.

Le Valet d'Épée et vous

- Comment une saine curiosité pourrait-elle vous aider en ce moment ?
- Avez-vous une nouvelle idée qu'il serait utile de suivre ?
- Qu'est-ce qui vous intéresse en ce moment ?
- Comment la curiosité et la recherche de la vérité peuvent-elles devenir malsaines ou gênantes pour les autres ?

Mots-clés

Curiosité, intelligence, esprit vif, bavardage, idées, annonce.

La carte à l'envers : *espionnage, ragots, hypocrisie, confusion, nouvelles provocantes.*

Cavalier d'Épée

Le Cavalier d'Épée est confiant et affirmé. Connecté à l'élément Air, il est associé aussi bien à l'esprit qu'à la communication, ce qui en fait un allié ou un rival intelligent et d'un naturel éloquent.

Le Cavalier d'Épée incarné

Le Cavalier se voit lui-même comme celui qui sera capable de régler les problèmes. Comme tous les membres de la suite des Épée, *penser* plutôt que *sentir* est son mode de vie au quotidien. Motivé par la vérité, il pense que sa mission consiste à la poursuivre et à la révéler. Parfois perçu comme un héros, ce jeune homme ne réfléchit pas longtemps avant de se mettre en situation, afin de démêler le vrai du faux. La recherche de justice est l'une des caractéristiques prépondérantes de ce personnage et l'un de ses idéaux.

Le Cavalier d'Épée a de nombreux attributs particulièrement louables, il est honnête, rapide et vif d'esprit. Il peut être un conteur imaginatif ou un très bon chercheur, bien que pour certains, son honnêteté puisse être un peu difficile à gérer. Si sa perception d'une situation peut être particulièrement pertinente, sa manière de délivrer les informations peut parfois être brutale ou tranchante. Le Cavalier d'Épée n'y va pas par quatre chemins lorsqu'il a quelque chose à dire. Il peut donc être blessant, même si cela n'est pas intentionnel.

C'est un Cavalier sur lequel on peut compter en temps de crise. Il peut être parfois autoritaire mais son intention est pure. En résumé, il se battra pour vous ou pour ce qu'il considère être une cause honorable et il trouvera le moyen le plus efficace pour que vous obteniez ce que, selon lui, vous méritez.

Le Cavalier d'Épée en situation

Tous les Cavaliers sont concernés par le mouvement et celui-ci peut décrire ou prédire quelque chose qui se manifeste très rapidement. Grâce à sa concentration et sa capacité à aller droit au but, l'apparition du Cavalier d'Épée dans un tirage peut modifier considérablement la lecture. La nature de la suite des Épée étant difficile, ces changements peuvent être complexes et vous obliger à réagir immédiatement et à vous conformer.

Le Cavalier d'Épée est probablement le plus rapide des quatre Cavaliers. En tant que figure associée à l'élément Air, cette carte peut se référer à un voyage aérien ou à la planification d'un vol.

Le Cavalier d'Épée et vous

• Le changement est-il toujours une mauvaise chose ?
• Comment pourriez-vous utiliser vos compétences en matière de communication de manière positive ?
• Comment l'humour peut-il désamorcer une situation difficile ?
• Connaissez-vous une personne qui incarne ce Cavalier, ayant tendance à parler plus vite qu'il ne pense ?

Mots-clés

Conflit, changement soudain, orateur confiant, concentration, voyage en avion.

La carte à l'envers : *abrupt, cinglant, comportement autoritaire, cruauté, tromperie.*

Reine d'Épée

La Reine d'Épée est une reine qui pense. Plutôt que de faire appel à ses émotions pour évaluer une situation, elle s'appuie sur des faits et rien que des faits. Connectée à l'élément Air et à l'esprit, elle choisit ses mots avec autant de précision que d'honnêteté.

Nous avons tous besoin d'une amie comme la Reine d'Épée car, même si elle est parfois un peu brusque, elle est suffisamment courageuse pour être honnête et ne se voile jamais la face devant la vérité. Comme toutes les Reines, elle peut être aimante et attentionnée. Elle parle avec confiance et clarté car elle sait que ce ne serait pas rendre service que de ne pas dire les choses telles qu'elles sont. Bien évidemment, cela pourra parfois être contrariant pour l'entourage, nous ne sommes pas tous à l'aise avec une personne parfaitement honnête. Peu sont même prêts à entendre ce qu'une personne pense réellement d'eux. Ne dit-on pas que toutes les vérités ne sont pas bonnes à dire?

La Reine d'Épée incarnée

La Reine d'Épée nourrit à la fois ses pensées et ses paroles. Sur le plan professionnel, on la retrouve dans le monde de la justice, là où les faits sont une nécessité, ou dans un métier dont la vocation est de s'exprimer en public ou d'écrire. Parce qu'elle veut trouver la vérité, on la retrouve journaliste ou officier de police. Si c'est une amie ou une collègue de travail, c'est une personne vers qui on se tourne aisément parce qu'on sait qu'elle fera tout pour résoudre un problème et être juste.

Dans une position compliquée, la Reine des Épée peut être piquante. Si elle est attaquée, elle fera usage de sa verve et de ses connaissances comme d'une arme. Elle sait toujours sur quel bouton appuyer et n'hésite pas à le faire. Elle peut très facilement se détacher de ses émotions et fera ce qu'il faut pour ne pas être affectée par celles des autres.

La Reine d'Épée en situation

Cette carte peut nous inviter à compiler et à organiser des informations, dans le cadre de l'organisation d'une réunion, d'une affaire judiciaire ou d'une situation dans laquelle des informations factuelles sont nécessaires. C'est un moment qui réclame que nous soyons précis et que nous nous assurions de disposer de toutes les informations utiles. Si ce n'est pas votre point fort, cette carte peut vous proposer de faire appel à un professionnel, un secrétaire, un relecteur ou un assistant social, par exemple.

La Reine d'Épée peut suggérer un moment où l'honnêteté est de rigueur. On peut être impliqué dans une querelle judiciaire qui exige de nous toute la vérité et rien que la vérité. Si c'est dans le contexte d'une relation, il est temps de dire à son ami ou à son partenaire ce que l'on ressent réellement. Pour beaucoup, c'est plus simple à dire qu'à faire. La Reine d'Épée demande que nous soyons d'abord honnêtes avec nous-même. Si nous avons maquillé la réalité ou raconté une histoire qui n'est que partiellement vraie, cette carte nous suggère de la rectifier.

La Reine d'Épée et vous

- Êtes-vous à l'aise avec l'idée d'être honnête à l'égard des autres ?
- Connaissez-vous quelqu'un comme la Reine d'Épée, que vous admirez parce qu'elle est toujours fidèle à ses opinions ?
- Êtes-vous honnête avec vous-même ?
- Pouvez-vous penser à un domaine de votre vie pour lequel une réponse émotionnelle est moins importante qu'une réponse factuelle ?

Mots-clés

Honnêteté, être inflexible, être bien informé, penseur indépendant.

La carte à l'envers : *insensible, vindicatif, menteur, manipulateur.*

Roi d'Épée

Le Roi d'Épée est un maître de l'esprit. Sa perception est aiguisée comme un couteau. Il a une idée parfaitement claire de ce qui est juste et de ce qui ne l'est pas. La communication est son royaume, et cet homme est toujours à l'aise pour livrer ses jugements et prendre des décisions rationnelles.

Le Roi d'Épée incarné

Comme tous les membres de la suite des Épée, ce Roi privilégie les preuves factuelles. Dans la mesure où il trône au-dessus de la pile, son expérience lui permet de déterminer précisément la vérité dans une situation. C'est pour cette raison qu'on le trouvera souvent à des postes d'autorité où la vérité doit être défendue, en droit par exemple. Il pourra apparaître dans un tirage comme un juge ou un officier de police de grade élevé.

Le Roi d'Épée aime remettre les pièces d'un puzzle dans le bon ordre et trouver des solutions aux problèmes. S'il est un ami ou un conseiller, nous aurons tout intérêt à l'avoir à nos côtés. Son besoin de clarté et de transparence est sans égal, et il fera tout ce qui est en son pouvoir pour défendre ce qu'il croit juste.

Dans les choses de l'amour, ce Roi peut symboliser un partenaire mûr. On pourra prendre plaisir à l'écouter raconter ses expériences, son pouvoir et ses connaissances le rendant extrêmement séduisant. Bien que cela puisse être intéressant et excitant au départ, ce Roi peut être juge dans une relation et donner l'impression d'être froid. Au pire, on peut avoir l'impression que nos mots et nos gestes sont chaque fois décortiqués et critiqués. Si cet homme a la capacité de nous remonter le moral, il peut aussi nous démolir en quelques mots bien choisis.

Le Roi d'Épée en situation

Le Roi d'Épée suggère un besoin d'équité et de précision. On peut se trouver dans une situation qui nous invite à faire un choix important, fondé sur des informations réelles plutôt que sur des opinions ou des sentiments. Le Roi d'Épée ne s'appuie pas sur les émotions et, avec lui, les choix sont toujours tranchés lorsqu'il est question de prendre une décision. Cet homme est une figure de justice et si cette carte apparaît c'est que nous avons besoin d'adopter un comportement rationnel plutôt que d'agir avec notre cœur.

Si nous avons l'impression d'être incapable de penser en toute logique ou de choisir le meilleur chemin sans nous fier à nos sentiments, alors cette carte peut nous inviter à trouver quelqu'un qui y parviendra pour nous. Il peut s'agir d'un conseiller, d'un orateur ou d'un homme de loi, dès l'instant où cette personne est capable de voir la situation telle qu'elle est. En général le Roi d'Épée est incarné par un professionnel, mais il peut aussi apparaître dans un tirage sous les traits d'un parent, d'un ami ou de n'importe quelle personne qui brille par sa lucidité.

Le Roi d'Épée et vous

- Dans quelle mesure est-il difficile pour vous d'être rationnel dans une situation qui perturbe vos émotions ?
- Connaissez-vous quelqu'un à qui vous vous adresseriez maintenant, personnellement ou professionnellement, qui vous donnerait des conseils, sans être gêné par une opinion ou un préjugé ?
- Comment une personne pourrait-elle vous blesser en vous disant la vérité ?
- Vous souvenez-vous d'une circonstance où vous avez défendu quelqu'un qui, selon vous, disait la vérité ?

Mots-clés

Intelligent, faisant autorité, juste, honnête, analytique, précis.

La carte à l'envers : *injustice, abuser, cruel, jugement, problèmes juridiques.*

DENIER

As de Denier

L'As de Denier est le bienvenu dans presque tous les types de lecture. Il est un véritable cadeau de la Terre, se manifestant comme une opportunité ou une sorte d'encouragement physique. Puisque la suite des Denier appartient au monde de la finance et des préoccupations financières, beaucoup voit l'As de Denier comme un signe d'argent et de richesse. Il pourra arriver en effet que cette carte prédise un bonus ou un petit peu plus de liquidités, mais il ne faut pas s'attendre à beaucoup mieux, comme bon nombre de lecteurs pourraient le croire. En réalité, puisque c'est la première carte de la suite, elle peut signifier un petit coup de pouce et non la résolution de tous nos problèmes économiques.

Si l'on a eu des difficultés financières, l'As de Denier pourra symboliser une opportunité qu'il serait préférable de saisir. Il peut s'agir d'une maigre aumône ou d'une manière de nous remettre sur pied. *A priori*, rien de très excitant mais ce n'est pourtant pas une carte à négliger. Elle offre un véritable potentiel à long terme. Mais il faudra encore travailler pour en tirer profit.

L'As de Denier en situation

L'As de Denier peut suggérer un coup de pouce financier. Il peut s'agir d'un don ou d'un petit héritage, ou encore de paiement d'une dette contractée. Cette somme ne risque pas de répondre à tous les besoins, mais cette petite injection peut nous donner les moyens de gagner plus d'argent par la suite. Un prêt commercial, un investissement dans nos talents ou une avance de salaire sont autant de moyens qui nous permettraient de nous remettre d'aplomb sur le plan financier.

Compte tenu de la nature physique de cette carte, l'As de Denier peut suggérer qu'une offre d'emploi va se présenter. Le chemin qui y conduit peut encore comporter quelques virages, mais l'As de Denier symbolise le premier échelon sur l'échelle du succès. La suite dépend de nous.

Si le tirage porte sur des histoires de cœur, cette carte peut représenter un engagement. Un partenaire peut proposer un avenir stable si sa proposition est retenue. L'As de Denier peut aussi désigner une personne qui estime que nous méritons le temps qu'elle nous consacre.

L'As de Denier incarné

Tous les As symbolisent de nouveaux départs et recèlent le potentiel de grandes choses. L'As de Denier nous parle ici de quelqu'un dont le futur est prometteur. Cela peut être dû à la qualité de son éthique et à sa capacité à se laisser entraîner dans un projet ou un travail.

La personne décrite par l'As de Denier est visionnaire. Dans les plus petits projets, elle sera capable de discerner ce qui va se transformer en réalité. Ces visions ne sont pas des chimères, ce sont des perspectives réalistes construites sur des hypothèses objectives. Cette personne est potentiellement forte et déterminée.

L'As de Denier et vous

- Vous souvenez-vous d'une époque où un petit investissement pouvait rapporter gros ?
- À quoi pourriez-vous destiner un surplus d'argent ?
- En quoi votre vie matérielle pourrait-elle bénéficier d'un coup de pouce ?
- Quel genre d'avenir êtes-vous prêt à préparer ?

Mots-clés

Opportunité financière, coup de pouce physique, bonus.

La carte à l'envers : *opportunité gâchée, manque de vision financière ou commerciale, sentiment de ne pas être à la hauteur.*

Deux de Denier

Dans la vie moderne, il est rare que l'on ne soit chargé que d'une responsabilité à la fois. Il est bien plus fréquent que l'on soit amené à jongler entre plusieurs emplois, plusieurs relations et plusieurs rôles simultanément. Le Deux de Denier vise à maintenir toutes ces responsabilités et à faire de notre mieux pour dédier suffisamment de temps et d'énergie à chacune.

Vivre la vie du Deux de Denier peut se révéler être un véritable numéro de jonglerie. Comment peut-on trouver suffisamment d'heures dans la journée pour faire son travail, s'occuper de sa famille, manger équilibré, se reposer et recharger ses batteries ? Certaines personnes s'acquittent de leurs tâches quotidiennes sans effort, mais pour la majorité d'entre nous c'est loin d'être aussi simple. Plus la vie est active, plus on attend de nous.

Si cette carte peut sembler peser comme un fardeau que nous serions prêts à balancer à la moindre occasion, il est bon de rappeler que le Deux de Denier est une carte pour faire face à ce qui se présente. Quelle que soit la manière dont nous nous sentons, nous parvenons à assumer pleinement nos responsabilités et il semble que notre entourage ait confiance en notre capacité à le faire.

Deux de Denier en situation

Le Deux de Denier apparaît lorsque notre agenda est bien plus rempli que d'habitude. On pourrait avoir l'impression de courir d'un endroit à l'autre, remplissant autant de responsabilités qu'il est humainement envisageable de le faire. Dans la mesure où la suite des Denier est associée aux finances, cette carte pourrait aussi symboliser l'équilibrage des comptes ou le transfert d'argent pour que tout soit payé en temps et en heure. Il n'y a ici pas beaucoup de place pour le luxe.

Pour certains, la carte représente plusieurs emplois ou carrières. Le Deux de Denier peut nous recommander d'accepter plusieurs emplois afin de joindre les deux bouts ou, si l'on est en train de démarrer une entreprise, il peut nous encourager à prendre un travail en plus, tant que la société n'est pas viable.

En matière de cœur, il peut évoquer la multiplicité des rendez-vous ou suggérer de rencontrer plusieurs partenaires avant de choisir celui avec lequel on se lancera.

Le Deux de Denier incarné

L'individu représenté par cette carte est multitâche. Avec lui, on a l'impression que tout est sous contrôle. Il peut avoir sa propre entreprise, une famille, une vie sociale drôle et pleinement remplie et avoir encore du temps pour accomplir les tâches du quotidien. On pourrait être envieux de cette personne, surtout si l'on a du mal à venir à bout de ses propres responsabilités.

Dans certaines situations, le Deux de Denier illustre un mécanisme d'adaptation. Si une personne a traversé une période difficile, être occupé constitue souvent une manière naturelle de vivre avec ses difficultés, voire de les estomper.

Le Deux de Denier et vous

- Comment pensez-vous vous en sortir en ce moment ?
- Quels sont les deux domaines de la vie avec lesquels vous pensez jongler le mieux ?
- Comment pourriez-vous trouver un meilleur équilibre de vie ?
- Vous considérez-vous comme souple et capable d'adaptation ou bien résistant au changement ?

Mots-clés

Changement, fluctuation, multitâche, équilibre, faire face.

La carte à l'envers : *incapacité à faire face, dispersion de son énergie, charge morale épuisante.*

Trois de Denier

Avec le Trois de Denier, nous prenons conscience de notre environnement physique et des gens qui nous entourent. Il n'est pas toujours simple de fonctionner de manière autonome et cette carte nous rappelle combien le groupe peut nous aider.

Du fait de sa connexion au travail physique, le Trois de Denier fait souvent référence au travail en équipe. Il nous rappelle que nous ne sommes qu'un rouage au milieu d'un système. Cela ne diminue en rien notre importance, mais souligne qu'une réussite ne se remporte pas seul. Nous avons tous des compétences individuelles et le Trois de Denier peut mettre les nôtres en évidence.

Le Trois de Denier en situation

Lorsque le Trois de Denier apparaît dans un tirage, il suggère que travailler avec les autres est vital pour avoir du succès. Ceci s'applique aussi bien à la vie personnelle qu'au cadre professionnel. Si nous prenons l'exemple d'un artiste qui se produit sur scène, il ne pourrait s'exprimer sans l'aide de ceux qui travaillent en coulisses (lumières, sons, scénographie, etc.). L'équipe qui travaille dans l'ombre est importante et vise le même objectif que l'artiste. Chaque petit rouage de la machine est essentiel au bon fonctionnement de l'ensemble.

Le travail d'équipe n'est plus toujours la norme : beaucoup travaillent de chez eux ou sont à leur compte. Le Trois de Denier pourrait décrire les différents rôles qu'une même personne assume dans sa propre entreprise : promoteur, concepteur Web, comptable, etc. Cette carte peut nous demander de répartir notre énergie entre ces diverses responsabilités.

Le Trois de Denier incarné

Le Trois de Denier pourrait être considéré comme le joueur d'une équipe. C'est le genre de personne qui n'a pas de problème pour partager le travail et qui est heureux de travailler en équipe.

L'individu décrit par le Trois de Denier comprend qu'un objectif spécifique peut être atteint à condition que chacun s'investisse à son niveau. Il sait que son rôle dans l'ensemble est crucial, mais qu'il n'est pas plus important que celui de ses collègues. En ce sens, cette carte peut réveiller un égoïste. Il y aura toujours quelqu'un pour se sentir plus important que le groupe, et cela peut être le cas du Trois de Denier lorsqu'il est en position difficile. L'autosuffisance et une haute estime de soi ne font qu'entraver la progression.

Trois de Denier et vous

- À combien de groupes prenez-vous part activement et quel est votre rôle dans chacun d'eux ?
- Pensez-vous que vous travaillez bien en équipe ?
- Quelle différence y a-t-il à gagner en équipe plutôt qu'individuellement ?
- Pouvez-vous penser aux personnes qui vous aident à accomplir une tâche et qui pourraient passer inaperçues ?

Mots-clés

Travail d'équipe, collaborer, ne pas s'attribuer tous les mérites d'une réussite, réalisation initiale d'un projet.

La carte à l'envers : *mauvais esprit d'équipe, égoïste, travail bâclé.*

Quatre de Denier

Le Quatre de Denier nous aide à gérer nos ressources. Dans la mesure où la suite des Denier est reliée à la vie physique, cette carte concerne le contrôle et l'organisation des choses qui sont tangibles (notre argent, notre sécurité et nos biens).

Comme avec beaucoup de cartes du tarot, il est important de trouver le juste équilibre. Le Quatre de Denier peut suggérer que notre besoin de tout contrôler pourrait nous consumer. En matière de finances, il se peut que nous nous accrochions trop aux choses que nous avons peur de perdre. Dans certaines situations, cette conduite peut être d'une grande sagesse. Mais en règle générale, l'incapacité à partager peut être un signe de cupidité ou conduire à l'assèchement de nos investissements. Il faut parfois réinvestir pour se maintenir à flot, et dépenser un peu d'argent peut à terme conduire à une bien meilleure croissance financière.

Même si le Quatre de Denier peut nous conseiller de renoncer à une certaine forme de contrôle, il suggère en premier lieu de gérer plus raisonnablement nos actifs. Si réinvestir et profiter des fruits de notre travail est essentiel, il arrive un moment où épargner un peu d'argent pour les mauvais jours s'avère être plutôt futé.

Le Quatre de Denier en situation

Le Quatre de Denier se présente dans un tirage lorsque l'on doit porter une certaine attention à la notion d'équilibre, et notamment dans le domaine des finances. Si vous avez récemment dépensé un peu trop d'argent, cette carte vous suggère de ralentir un peu le rythme de vos dépenses. Le Quatre de Denier peut être associé à l'épargne, c'est donc peut-être le moment de faire le point sur l'importance accordée aux biens matériels et si ceux-ci conditionnent réellement le bonheur.

Lorsque le Quatre de Denier apparaît dans un tirage, c'est peut-être pour vous demander de faire un petit sacrifice. Êtes-vous en train d'économiser pour un mariage, des vacances ou une nouvelle maison ? On ne sait jamais ce que l'avenir nous réserve, aussi cette carte suggère-t-elle que le fait de se serrer un peu la ceinture pourra être profitable sur le long terme, notamment pour faire face à un imprévu.

Le Quatre de Denier incarné

Le Quatre de Denier peut faire référence à une personne à la limite de l'avarice. Si elle a l'impression de simplement compter ses sous, les autres, eux, pensent qu'elle est tout bonnement radine.

Sous une lumière plus positive, le Quatre de Denier décrit un individu de nature prudente. Il sait toujours ce qu'il possède parce qu'il garde un œil sur chaque détail. On le retrouve souvent dans le costume d'un comptable, profession dans laquelle contrôler les dépenses est un art. Sur le plan personnel, cet individu peut donner l'air d'être trop prudent, trop rigoureux.

Lorsque le Quatre de Denier décrit un partenaire amoureux, il est accompagné d'un avertissement. Une personne décrite par cette carte peut considérer son partenaire comme une propriété. Elle peut donc être possessive quand elle considère que quelque chose lui appartient. En plus d'être réticente à l'idée de partager son temps et son argent, cette personne peut essayer de contrôler l'agenda, les relations et la personnalité même de son partenaire. Son amour et son affection sont étouffants et son partenaire finira par sentir qu'il n'est qu'une possession de plus au milieu des autres.

Le Quatre de Denier et vous

- À quoi ou à qui vous accrochez-vous trop fort, par peur de perdre ?
- Quelle situation ou quelle relation essayez-vous de contrôler en ce moment ?
- Pourriez-vous être un peu moins décontracté avec vos finances ?
- Avez-vous besoin d'économiser pour quelque chose ?

Mots-clés

Pouvoir financier, peur du changement, gestion de l'argent, possessivité.

La carte à l'envers : *avarice, inflexibilité, peur de perdre, insouciance financière.*

Cinq de Denier

La route est semée d'embûches, c'est inévitable et le Cinq de Denier est là pour en témoigner. La nature même des Denier induit que ce sont nos ressources physiques qui en pâtissent.

Le Cinq de Denier est une carte de perte physique qui, le plus souvent, fait référence à la pauvreté et au manque. Il s'agit probablement d'argent mais certains cartomanciens la relient aussi à une mauvaise santé et à un manque de bien-être physique.

Le Cinq de Denier peut paraître sombre, mais il y a une leçon à tirer de chacune des cartes difficiles du tarot. Et c'est dans les périodes pénibles que ceux sur qui l'on peut compter nous apparaissent très distinctement.

Le Cinq de Denier en situation

La plupart d'entre nous ont connu une époque de difficultés financières ou une période au cours de laquelle rien n'allait dans le bon sens. Le Cinq de Denier n'est pas forcément lié à une catastrophe financière mais plutôt à ces moments où nous avons du mal à joindre les deux bouts. Cette carte peut apparaître pour marquer la fin du mois, moment compliqué sur le plan financier, ou bien pour nous rappeler d'être plus économe.

Le Cinq de Denier nous parle souvent de ce que nous ressentons pendant ces périodes de manque. Beaucoup perdent la foi dans l'avenir et se demandent comment ils vont faire pour traverser cette période de disette financière. Cette situation peut conduire à un sentiment d'isolement et à des difficultés pour demander de l'aide.

Le Cinq de Denier incarné

Lorsqu'il nous parle d'un individu, le Cinq de Denier décrit une personne abandonnée par la chance. Dans certains tirages, il s'agit d'une description ponctuelle, mettant en évidence une personne qui souffre en ce moment de difficultés financières ou physiques. Lorsque cette carte apparaît fréquemment, cependant, elle définit quelqu'un qui connaît des difficultés permanentes ou qui est atteint par une maladie chronique.

En position difficile, le Cinq de Denier peut décrire une personne qui ne fait rien pour s'en sortir. Elle s'est peut-être habituée à vivre dans la difficulté et a perdu l'espoir qu'il en soit autrement. Des modes de vie malsains ou une mauvaise gestion des ressources financières peuvent également être décrits par cette carte. Mais ici, la personne concernée ne peut ou ne veut pas assumer sa part de responsabilité.

Le Cinq de Denier et vous

- Vous souvenez-vous d'une période de difficultés physiques ou financières dans votre passé ? Si oui, comment avez-vous réussi à en sortir ?
- Comment pourriez-vous vous préparer à une période de vaches maigres ?
- Comment le manque de moyens affecte-t-il votre confiance en vous ?
- Si vous traversez actuellement une période difficile, qu'est-ce qui vous empêche de perdre confiance en l'avenir ?

Mots-clés

Perte, manque de moyens financiers, problèmes de santé, sentiment d'isolement.

La carte à l'envers : *foi renouvelée, redressement financier, inquiétude financière injustifiée.*

Six de Denier

Le Six de Denier est une carte d'équilibre physique. Favorable dans des situations relatives aux finances, ce n'est pourtant pas une carte d'abondance. Elle suggère plutôt de faire appel à un coup de main lorsque c'est nécessaire.

Au mieux, le Six de Denier témoigne d'un support. Lorsqu'il fait son apparition dans un tirage, il peut mettre en lumière l'assistance d'une personne ou d'une organisation. Il peut aussi indiquer un coup de pouce financier lorsque vous en avez besoin. Par essence, cette carte restaure l'équilibre. De nombreux lecteurs suggéreront que l'harmonie financière reviendra ou que l'assistance pour y parvenir est en chemin. Cela étant, pour que l'équilibre fonctionne effectivement, nous devons faire preuve de gratitude pour ce que nous possédons déjà. Si vous traversez un épisode compliqué sur le terrain des finances, vous vous demandez peut-être ce que vous pourriez bien offrir en guise de remerciement. Le Six de Denier vous rappelle des gestes charitables dont le coût s'exprime en temps dédié plutôt qu'en monnaie réelle.

Le Six de Denier en situation

Le Six de Denier peut décrire n'importe quel type d'assistance financière. Cela peut être une bourse scolaire, une réduction d'impôts ou même une petite subvention. Bien que la suite des Denier se réfère généralement à l'argent, il peut aussi être question d'une autre nature de support. L'argent n'est pas la seule valeur, tant s'en faut. Notre temps, par exemple, peut servir de monnaie d'échange et le Six de Denier peut se manifester pour illustrer des conseils en matière de finance ou même l'oreille attentive d'un ami lorsque vous vivez un moment compliqué. D'une manière générale, cette carte est un symbole de charité, que vous occupiez la place de celui qui offre son assistance ou celle de celui qui la reçoit.

Si la thématique est celle des relations, le Six de Denier pourrait décrire un déséquilibre. Êtes-vous assisté financièrement par votre partenaire de vie ou est-ce l'inverse ? Avez-vous l'impression qu'il profite de vous ?

Le Six de Denier incarné

La personne décrite par le Six de Denier est philanthrope. Au mieux, c'est une personne qui intervient en soutien si le besoin s'en fait sentir. Qu'il s'agisse d'un donneur anonyme ou d'une personne qui offre des vêtements d'occasion, c'est toujours une âme généreuse qui est représentée par cette carte. Cette personne étant profondément altruiste, le Six de Denier peut décrire un volontaire d'une œuvre caritative ou une personne qui se met simplement au service des autres. Dans un cadre professionnel, cependant, cet individu peut travailler dans le secteur des aides financières ou dans un support clientèle, par exemple.

Dans les positions les plus défavorables, le Six de Denier décrit un individu qui prend plus que ce qu'on lui offre. Pour le plus grand bien, cette carte concerne l'équilibre et la fluidité des ressources, bien qu'on trouve toujours quelqu'un pour recevoir, sans jamais rien offrir en échange.

Le Six de Denier et vous

- Avez-vous une relation déséquilibrée dans votre vie ?
- Auprès de qui pourriez-vous trouver le soutien dont vous avez tant besoin en ce moment ?
- Que pourriez-vous partager ou donner dont vous n'avez plus besoin ?
- Êtes-vous concerné par des gestes charitables ?

Mots-clés

Soutien, aide financière, charité, générosité.

La carte à l'envers : *générosité unilatérale, accepter difficilement l'aide des autres, égoïsme.*

Sept de Denier

Le Sept de Denier est une carte qui incarne la récolte. Après s'être investi dans un travail, une vocation ou une relation, cette carte nous dit qu'il faut maintenant attendre les fruits de notre labeur. Les choses finissent toujours par prendre forme, il faut simplement faire preuve de patience.

Par essence, le Sept de Denier est une carte positive. Elle nous rappelle que nos efforts ont été soutenus et que nous méritons d'en récolter les fruits. Cela peut être perçu comme une information frustrante par ceux qui vivent dans un monde où la gratification est immédiate et dans lequel il est inutile de patienter pour récolter ce qui est attendu.

Le Sept de Denier en situation

Même si les choses vont bien plus vite aujourd'hui, le délai d'un certain nombre de processus est incompressible : la naissance d'un bébé ou le passage des saisons est déterminé par la nature, par exemple. De la même manière, il conviendra d'attendre avant qu'un travail ne soit publié, que les résultats d'un examen ne soient annoncés ou qu'une entreprise voit son activité croître à un rythme stabilisé. Le Sept de Denier annonce donc un temps d'attente qui invite à la patience. Prenez un moment pour évaluer le point où vous en êtes et ce que cela vous a coûté pour en arriver là. Les choses prennent peut-être leur temps mais elles évoluent, même si on peut avoir le sentiment que ce n'est pas le cas.

Bien entendu, cette carte ne nous encourage pas à nous asseoir les bras croisés. Lorsque nous sommes en attente de la manifestation de quelque chose dans le monde physique, le Sept de Denier nous suggère de consacrer un peu de notre temps à autre chose, puisque de toutes les façons il faut attendre les résultats du processus en cours. Autant occuper notre temps à quelque chose !

Le Sept de Denier incarné

Le Sept de Denier décrit une personne patiente et persistante. Elle a investi sur quelqu'un ou quelque chose et attend le retour de son investissement En ce sens, le Sept de Denier est incarné par un individu prévoyant et qui a la foi. Il peut même lire les résultats de ses investissements avant même qu'ils ne se matérialisent et il sera de ceux qui ont du flair pour repérer les bonnes affaires.

Dans une position difficile, la personne décrite par le Sept de Denier est du genre à abandonner facilement. Elle est impatiente et a tendance à quitter le navire, qu'il s'agisse de relations, de travail ou d'un projet, si des résultats concrets ne se présentent pas rapidement. Ses raisons peuvent être justifiées, mais cette carte peut surtout nous rappeler que le meilleur reste à venir, si nous faisons preuve de la patience nécessaire pour voir les résultats se matérialiser.

Le Sept de Denier et vous

- Êtes-vous patient ?
- Dans quoi avez-vous investi sans avoir encore vu de résultats ?
- Pouvez-vous imaginer un processus dans votre vie qui ne peut être accéléré ?
- Pourquoi la patience est-elle considérée comme une vertu ?

Mots-clés

Patience, persistance, évaluation, appréciation, résultats lents mais réguliers.

La carte à l'envers : *travail sous la pression du délai, départ précoce, frustration, gratification instantanée.*

Huit de Denier

Le Huit de Denier est une carte de connaissances. Que vous appreniez à lire les cartes du tarot, à conduire une voiture ou à créer votre propre entreprise, l'idée selon laquelle la pratique est mère de tous les apprentissages fait plutôt l'unanimité.

Dans la tradition du tarot, on dit souvent du Huit de Denier qu'il est la « carte de l'apprenti ». Un apprenti apprend un métier jusque dans les moindres détails, en commençant par la base. Il n'y a absolument pas d'âge pour être apprenti. On apprend et on développe de nouvelles connaissances tout au long de la vie.

Le Huit de Denier suggère la nécessité d'un effort persistant et la volonté de perfectionner notre pratique. Plus nous travaillons à quelque chose, meilleurs seront les résultats.

Le Huit de Denier en situation

Le Huit de Denier peut se présenter dans un tirage pour décrire de nouvelles études par exemple. Bien que ses racines soient liées au labeur physique et à la créativité, on le retrouve aussi dans des domaines différents tels que la comptabilité. En fait, lorsque cette carte est tirée, il n'y a pas de limite à ce que l'on peut apprendre, à condition que notre motivation et notre intérêt soient réels.

Bien que le Huit de Denier puisse indiquer une deuxième carrière et l'apprentissage d'une toute nouvelle discipline, son apparition dans un tirage peut révéler quelque chose de moins radical. Il peut s'agir d'une promotion ou d'une formation entièrement financée, par exemple. Toutes deux réclament une pratique et un développement conçus sur des connaissances existantes.

Dans un tirage qui porte sur les affaires de cœur, le Huit de Denier peut nous inviter à nous impliquer davantage dans une relation. Cette carte nous rappelle que se reposer sur ses lauriers est une bien mauvaise idée en matière de couple. Que pourriez-vous faire pour être un meilleur partenaire ?

Le Huit de Denier incarné

La personne décrite par le Huit de Denier est ouverte au développement de nouvelles compétences. Dans le cadre professionnel, elle peut commencer un nouvel apprentissage ou être impliquée dans des études qui lui permettront de progresser dans sa carrière.

Cette personne accepte de démarrer au bas de l'échelle. Elle est disciplinée et persistante dans l'acquisition de ses connaissances théoriques et pratiques. Elle montrera également certaines qualités dans sa vie personnelle : elle est autonome, curieuse de la manière dont les choses fonctionnent et cherche toujours des solutions par elle-même, plutôt que de compter sur les autres. Même si ce n'est pas forcément simple au premier abord, cette personne est heureuse d'investir son temps et son énergie pour en apprendre davantage.

Le Huit de Denier et vous

- Souhaitez-vous acquérir une nouvelle compétence ?
- Qu'avez-vous maîtrisé qui vous a demandé beaucoup de temps et de pratique ?
- Quelle est votre compétence personnelle ?
- Quelles sont les compétences que vous négligez ?

Mots-clés

Apprentissage, travailleur, pratique, compétence, formation.

La carte à l'envers : *paresse, travail bâclé, manque d'engagement.*

Neuf de Denier

Dans la vie, les occasions sont nombreuses de s'appuyer sur le soutien des autres, mais le Neuf de Denier représente les accomplissements et les réussites obtenus par son investissement, sa sueur et ses larmes.

L'indépendance est l'essence même du Neuf de Denier. Malgré les difficultés, cette carte suggère la possibilité de réussir en ne comptant que sur soi. Lorsqu'elle apparaît dans un tirage, cette carte nous parle d'accomplissements personnels, de gains matériels et d'un sens des affaires suffisant pour s'en sortir seul. Traditionnellement, les femmes fortes sont identifiées par le Neuf de Denier mais l'énergie de cette carte est appréciée par tous ceux qui se sont fait une place dans le monde ou dont la vie est confortable grâce à leurs seuls efforts.

Le Neuf de Denier en situation

Le Neuf de Denier est une carte qui inspire la chance dans un tirage, mais ce n'est pas de n'importe quelle chance dont il s'agit là. Lorsqu'elle est placée dans une position qui fait référence au présent, elle reflète un compromis qui a déjà été fait. Si elle est dans une position relative à l'avenir, alors cette carte nous dit que nous obtiendrons la vie dont nous rêvons à condition d'y consacrer du temps et des efforts. Habituellement, il faut de la pratique et accepter les revers de l'existence pour atteindre ce niveau de succès, mais le Neuf de Denier, quand il nous parle d'avenir, suggère que nous avons ce qu'il faut pour surmonter les épreuves qui empêchent les autres de réussir.

Le Neuf de Denier pourrait indiquer un travail indépendant dans certains tirages, mais il représente en réalité n'importe quelle situation où l'autonomie est un gage de réussite. Lorsqu'on tire cette carte, on peut ressentir une certaine satisfaction à être là où nous en sommes, cette carte étant souvent liée à la richesse personnelle et aux environnements luxueux.

Le Neuf de Denier incarné

Le Neuf de Denier peut décrire une personne courageuse et forte de caractère. Bien que ce ne soit pas toujours le cas, nous acceptons qu'un individu ait atteint un certain niveau de réussite ou un cadre de vie luxueux grâce aux efforts qu'il a fournis et à son engagement sans faille. Cette carte nous parle d'un sentiment de sécurité et d'accomplissement bien mérité. La personne concernée par le Neuf de Denier pourra posséder des biens, diriger sa propre entreprise ou être considérée comme riche dans sa communauté.

Bien que la carte promette évidemment de récolter les fruits d'un labeur, il est important de rappeler que tous les Neuf du tarot (en rapport avec l'Ermite) ont un côté solitaire. Malgré la notion de luxe et de confort du Neuf de Denier, cette carte peut décrire un individu qui est mis à l'écart et qui a la sensation de devoir protéger ses biens. L'amour de la belle vie pourrait l'empêcher de s'identifier aux autres ou de développer une relation chargée de sens.

Le Neuf de Denier et vous

- Dans quelle mesure êtes-vous autonome ?
- Quels sont les produits de luxe et le confort que vous avez gagnés et dont vous pouvez être fier ?
- Connaissez-vous une personne forte et indépendante, comme celle suggérée par le Neuf de Denier ?
- À votre avis, quels sont les inconvénients du succès et du luxe ?

Mots-clés

Succès personnel, autosuffisance, indépendance, luxe.

La carte à l'envers : *difficultés financières, dépendance à l'égard des autres, solitude.*

Dix de Denier

Le Dix de Denier est une carte de confort, de richesse et de sécurité. Il ne s'agit pas de la richesse luxueuse du Neuf de Denier. Avec le Dix de Denier, il est question de la stabilité de la famille ou de la communauté à laquelle nous avons le privilège d'appartenir.

Le Dix de Denier est une carte fortuite, dans la mesure où la richesse dont elle nous parle n'est pas celle quc l'on gagne forcément. Traditionnellement, cette carte est connectée à la richesse des membres de la famille, des ancêtres et, dans certains cas, elle peut mettre en lumière le sentiment de sécurité qui se cache derrière la notion d'héritage. De même, si l'on est en attente de la confirmation qu'un investissement se montrera rentable à l'avenir, on sera heureux de voir le Dix de Denier faire son apparition dans le tirage. Si cette carte est en rapport avec le passé, il se peut que la fortune familiale ou le support d'une organisation ait joué un rôle majeur dans le confort dans lequel nous vivons aujourd'hui.

Le Dix de Denier en situation

Si le Dix de Denier est un symbole de richesse et de revenus financiers, il ne signifie pas forcément que vous allez recevoir une fortune ou que votre vie va prendre des allures de luxe. La sécurité est une notion que chacun interprète à sa manière et dans son sens le plus commun, elle évoque une vie sans souci. Lorsque cette carte apparaît dans un tirage, elle peut nous demander de nous interroger sur ce dont nous aurions besoin aujourd'hui pour nous sentir en sécurité.

Le Dix de Denier est traditionnellement lié à l'unité familiale et au support de ses proches. Cette carte peut nous demander de réfléchir aux fondements de notre famille et à la manière dont nous entendons contribuer à son soutien. Plutôt que de mettre l'accent sur ce que nous héritons ou recevons des autres, cette carte peut nous demander ce que nous avons à transmettre. L'argent et les propriétés peuvent en faire partie, mais le temps, la sagesse et l'expérience sont des valeurs qui peuvent aussi être transmises et que nous aurions tort de négliger.

Le Dix de Denier incarné

La personne décrite par le Dix de Denier se sent en sécurité. Il est fort probable qu'elle soit riche et en bonne santé, qu'elle se sente soutenue et qu'elle vive confortablement.

Du fait de la richesse inhérente à cette carte, la personne décrite par le Dix de Denier peut vivre de la richesse d'un tiers. La carte peut se manifester sous les traits d'un « gosse de riche » à qui les parents ont offert une belle voiture au volant de laquelle il se pavane. Il peut aussi être question d'une personne qui bénéficie d'un accord de divorce qui lui est très favorable, et qui tire profit des biens et richesses de son ex. On trouve ainsi plus communément les fondements de sa richesse dans les liens du sang plutôt que dans la sueur qui aurait perlé de son front pour l'obtenir.

Le Dix de Denier et vous

- Que faudrait-il pour que vous vous sentiez en sécurité ?
- De combien d'argent avez-vous vraiment besoin ?
- Que possédez-vous que vous pouvez transmettre aux autres ?
- Quel est le rapport entre le Dix de Denier et votre propre famille ?

Mots-clés

Stabilité, fondation, sécurité financière, héritage, liens familiaux.

La carte à l'envers : *problèmes de sécurité, problèmes financiers, mauvais investissements, endettement.*

Valet de Denier

Le Valet de Denier est connecté à l'élément Terre, on l'associe donc aux choses qui sont tangibles. La cour des Denier est généralement concernée par les finances, mais ce jeune homme pourrait quant à lui être intéressé par des activités de plein air ou le travail physique.

Le Valet de Denier incarné

La cour des Denier incarne les « laborieux » du tarot et le Valet ne fait pas exception à la règle. Comme tous les autres Valets, il étudie assidûment. Dans cette carte, on trouve un individu qui s'engage à mener le travail en question. Puisque cette suite est orientée sur le physique, cette jeune personne peut être un artisan débutant, un apprenti ou quelqu'un qui développe une compétence manuelle. On le trouvera également travaillant dans les sports et les loisirs puisqu'il se préoccupe de sa condition physique et qu'il aime être en mouvement.

Le Valet de Denier a appris à faire attention avec l'argent. Il n'en a peut-être pas beaucoup mais il est attentif à ne pas trop dépenser. Dans un cadre professionnel, il peut travailler dans une institution financière, comme comptable stagiaire par exemple, ou exercer un métier qui le conduit à manipuler de l'argent. Lorsque cette carte est dans une position difficile, les finances peuvent être problématiques, la personne représentée par le Valet pouvant dépenser plus qu'elle ne gagne ou n'épargne.

Le Valet de Denier en situation

Dans son rôle de messager, le Valet de Denier peut être porteur d'informations relatives à l'argent. Il peut s'agir d'un chèque envoyé par la poste, d'un remboursement des impôts ou même d'un petit gain inattendu. Les messages délivrés par ce Valet seront généralement remis en main propre.

Lorsque le Valet de Denier apparaît dans une lecture, il suggère de nouveaux départs de nature matérielle. Dans la mesure où il travaille très dur, il peut s'agir d'une opportunité d'investissement, que ce soit grâce à un travail acharné ou à un apport financier, afin de construire une base pour l'avenir. Le Valet de Denier est le plus sensible de tous les Valets. Si cette carte incarne une personne qui est entrée dans votre vie, il y a fort à parier qu'elle est fiable et engagée.

Le Valet de Denier et vous

- Quelles sont les compétences pratiques qu'il serait utile d'acquérir à l'heure actuelle ?
- Êtes-vous doué pour l'argent, comme ce Valet, ou est-ce qu'il vous glisse entre les doigts ?
- Quel investissement financier ou personnel pourriez-vous faire actuellement ?
- Pouvez-vous penser à quelqu'un dont l'empressement et l'attitude engagée vous rappellent ce Valet ?

Mots-clés

Pratique, apprenti, sportif, planification financière, prévoyance, étudiant.

La carte à l'envers : *dépense, oisiveté, perte de temps, mauvais investissement financier.*

Cavalier de Denier

Le Cavalier de Denier est enraciné dans l'élément Terre. Il est donc concerné par les aspects pratiques et tangibles de la vie quotidienne.

Le Cavalier de Denier incarné

De tous les Cavaliers, le Cavalier de Denier est celui qui se déplace le plus doucement. Ceci s'explique par le fait qu'il est prudent et réfléchi. Il n'est pas de ceux qui se précipitent. Il sait que faire les choses correctement réclame du temps et de l'effort. Il n'a pas l'intention de bâcler ce qu'il fait. Son engagement physique explique qu'il soit respecté et fiable.

Dans les relations, le Cavalier de Denier est loyal et digne de confiance. Il n'est peut-être pas charismatique comme le sont les autres Cavaliers mais il compense en étant attentif, ponctuel et persévérant. En tant que partenaire de vie, il n'est probablement pas aussi dynamique que ses cousins mais lui a la capacité de tenir la distance, qualité qui peut faire défaut aux autres.

N'oublions pas que ce jeune homme est également connecté à l'argent et aux finances. Sa prudence naturelle conduit le Cavalier de Denier à mettre de côté ou à investir pour assurer l'avenir.

Dans une position difficile, cette carte peut nous parler d'un individu qui porte trop d'importance aux valeurs matérielles de la vie. Il peut s'agir d'une personne oisive ou dont l'argent lui file entre les doigts. Lorsque le Valet de Denier est entouré dans une lecture par des cartes difficiles, il pourra être question d'une personne trop économe.

Le Cavalier de Denier en situation

Le Cavalier de Denier peut être un bon présage. En raison de la lenteur de ses mouvements, il ne sera probablement pas question d'un succès fulgurant, mais de l'assurance de voir se réaliser à terme ce que nous souhaitons. Dans ce contexte, les contrats ou les relations sont envisagés de manière solide.

Le voyage accompagne les quatre Cavaliers du jeu. Avec le Cavalier de Denier, il est question de voyages lents. On parlera de déplacements à pied par exemple. Dans la mesure où ce Cavalier est en rapport avec l'argent et le travail, il peut symboliser les voyages d'affaires ou encore les grandes virées shopping.

Le Cavalier de Denier et vous

- Connaissez-vous quelqu'un qui, comme le Cavalier de Denier, n'a pas peur de retrousser ses manches et de se mettre au travail ?
- Dans quoi pourriez-vous avoir besoin d'investir vos efforts et votre engagement en ce moment ?
- Comment décririez-vous votre relation avec la réalité matérielle ?
- Êtes-vous d'un naturel économe ou dépensier ?

Mots-clés

Digne de confiance, fiable, travailleur acharné, engagé, progrès mesuré.

La carte à l'envers : *paresseux, matérialiste, dépensier, superficiel.*

Reine de Denier

La Reine de Denier est connectée à son environnement physique. D'un naturel pratique et efficace dans sa famille et sa communauté, elle préfère approcher d'une manière pragmatique les situations et comprendre les valeurs de ses ressources physiques.

La Reine de Denier incarnée

On trouve cette Reine dans la nature. Sa connexion au monde physique la lie au jardin, à un travail d'extérieur ou à des sujets de nature environnementale. Elle peut prendre les traits d'un jardinier ou d'un écologiste passionné. Elle considère tous les êtres vivants avec la même bonté et le même respect. La Reine de Denier est souvent représentée comme Mère Nature, mais au quotidien, elle peut décrire quelqu'un qui adore ses enfants et qui est très impliqué dans leur éducation.

Des quatre Reines, c'est la plus pragmatique. Ses cousines auront tendance à trop réfléchir à leurs problèmes ou à se laisser affecter sur le plan émotionnel. La Reine de Denier, elle, brisera les obstacles en petits morceaux plus faciles à gérer. Qu'il s'agisse d'enlever une épine venue se ficher entre les coussinets d'une patte du chien de la famille, de décider de la meilleure manière de charger la voiture ou de récupérer le ballon resté coincé entre les branches d'un arbre du jardin, cette Reine évalue rapidement la situation et se met au travail de la manière la plus pragmatique qui soit.

La suite des Denier est associée à l'argent. Sa Reine est donc proche des finances. Elle sait gérer les chiffres et optimiser ses ressources. Elle peut d'ailleurs faire des envieux chez ses amis, parce que c'est elle qui déniche les meilleures affaires et si elle ne trouve pas ce qu'elle cherche, elle ne verra pas d'inconvénient à le créer de toutes pièces. Elle peut mener une carrière dans le monde des finances et de la gestion, probablement en tant que comptable ou conseiller financier. C'est un personnage engagé et tourné vers l'avenir. Elle sait qu'il faut du temps et des efforts pour atteindre les objectifs que l'on s'est fixés. Grâce à sa détermination, on la retrouve aux plus hauts postes de son secteur d'activité.

En position difficile, cette carte peut prendre un tout autre visage. Ici, on peut rencontrer un individu qui fait passer la richesse matérielle avant le bien-être des autres et qui n'hésite pas exhiber sa richesse. Il doit posséder ce qui est à la mode et n'hésitera pas à s'endetter pour se l'offrir.

La Reine de Denier en situation

La Reine de Denier peut nous demander d'évaluer nos finances. Dépensons-nous plus que ce que nous gagnons ? Cette carte nous conseille de passer nos comptes au peigne fin et d'étudier comment optimiser nos ressources financières. Si vous n'êtes pas à l'aise avec les chiffres, cette carte vous proposera d'avoir recours à un comptable ou à un ami compétent pour mettre de l'ordre dans vos comptes.

La Reine de Denier aime aider. Si elle peut nous parler de nos instincts maternels, elle peut aussi nous dire de prendre soin de nous, c'est le meilleur moyen pour être en bonne santé. Lorsque la Reine de Denier apparaît en situation, il peut être question d'un changement de régime alimentaire, de routine ou de style de vie. Passer un peu plus de temps au soleil ou faire de l'exercice peut être la clé d'un retour à l'équilibre.

La Reine de Denier et vous

- Connaissez-vous quelqu'un comme la Reine de Denier, pratique et naturellement efficace ?
- Faites-vous trop attention à vos ressources financières, ou pas assez ?
- Quel est votre lien avec la nature et votre environnement physique ?
- Quelle importance donnez-vous aux biens matériels ?

Mots-clés

Pratique, responsable, attentionné, avide d'affaires, amoureux de la nature, doué avec les finances.

La carte à l'envers : *mauvaise gestion financière, frimeur, irresponsable, avide, paresseux.*

Roi de Denier

Le Roi de Denier est un maître de la sécurité matérielle. S'appuyant sur un travail acharné, c'est un personnage respecté, souvent connecté au monde physique dans toutes ses manifestations.

Le Roi de Denier incarné

La suite des Denier est généralement concernée par les finances, et c'est un domaine dans lequel ce Roi se sent particulièrement à l'aise. Il a travaillé dur pour en arriver là, dans une position stable depuis laquelle il peut partager son expérience avec les autres. On le retrouve conseiller financier, expert en immobilier ou investisseur. Il sait faire de l'argent et expliquer aux autres comment en faire autant. Tous les Rois de Denier ne sont pas forcément des conseillers ou de gros investisseurs. Ce Roi peut aussi faire son apparition dans un tirage pour illustrer une personne astucieuse et prudente avec son argent.

La suite des Denier est administrée par l'élément Terre. Si le Roi de cette suite est généralement en sécurité, celle-ci n'est pas nécessairement associée à la notion d'argent. On peut le retrouver travaillant dans la nature ou dirigeant une équipe sur un chantier, par exemple.

Le Roi de Denier est un homme généreux. Et même s'il est très méticuleux lorsqu'il est question de ses finances, il sera toujours heureux d'aider ceux qui méritent, selon lui, son assistance. S'il peut avoir un retour sur l'investissement ainsi concédé, c'est encore mieux. Dans une position compliquée, cet homme pourra chercher à acheter l'affection des autres, leur montrer combien il est riche ou, au pire, devenir cupide et avare.

Le Roi de Denier en situation

Ce Roi peut nous dire de mûrir à l'égard de l'argent. Si investir reste une possibilité, cette carte nous invite à faire plus attention à notre argent et à gérer plus soigneusement ce qui entre et ce qui sort de notre compte bancaire. Inutile d'être riche pour prendre soin de ce que l'on a.

Il se peut que nous ayons besoin des services d'un professionnel pour gérer notre argent, nos propriétés et nos investissements. Cette carte nous invite à en consulter un plutôt que de chercher à tout faire nous-même. Le Roi de Denier peut vous offrir ses judicieux conseils. Il prendra alors les traits d'un expert-comptable ou du directeur d'une banque par exemple. Si vous traversez des difficultés financières, ce Roi peut même incarner une personne en mesure de vous accorder un prêt. Dans une position difficile, cependant, le Roi de Denier décrit l'assistance d'un usurier peu recommandable ou d'un requin qui n'a aucunement l'intention de vous rendre service.

Le Roi de Denier et vous

- Dans quelle mesure êtes-vous capable de gérer vos finances ?
- Avez-vous besoin d'être astucieux avec votre argent ?
- À qui pourriez-vous vous adresser si vous avez besoin de conseils financiers ou commerciaux avisés ?
- Connaissez-vous quelqu'un qui aime montrer combien il est riche ?

Mots-clés

Sécurité, stabilité, conseil financier, fiable, discipliné.

La carte à l'envers : *matérialiste, dominant, malhonnête, financièrement indiscipliné.*

❋ ❋ ❋

4

TECHNIQUES ET TIRAGES

Apprendre à lire le tarot

Peu importe ce que vous avez pu entendre, la lecture du tarot ne s'apprend pas en un jour. Même si vous parvenez à mémoriser les soixante-dix-huit cartes et leurs significations, cela prend du temps d'assimiler leur sens profond à un niveau personnel. C'est d'ailleurs valable quel que soit l'art. Un danseur peut avoir le sens du rythme, mais il doit travailler cette compétence naturelle avec du temps et de la discipline s'il souhaite exceller. Le tarot ne diffère pas du reste : les résultats s'obtiennent au prix d'un effort.

Avant de passer en revue quelques tirages significatifs, voici un rapide tour d'horizon des questions courantes au sujet de la lecture des cartes du tarot.

Combien de temps faut-il pour lire le tarot correctement ?

Voilà une question à laquelle il est bien difficile de répondre dans la mesure où cela dépend de chacun de nous. Tout dépend aussi du temps que vous êtes en mesure de consacrer à la pratique.

L'apprentissage du tarot est un véritable voyage. Un bon professionnel vous dira qu'il n'y a pas de raccourci lorsqu'il s'agit d'apprendre à lire. Cependant, à chaque lecture, à chaque réflexion ou chaque fois qu'une nouvelle information est engrangée, les cartes dévoilent un peu plus de leur nature, et c'est en cela que cet apprentissage est amusant et magique. À partir du moment où les nouveaux étudiants cartomanciens découvrent que c'est le chemin de cet apprentissage plutôt que sa finalité qui compte, ils peuvent se détendre et profiter davantage du voyage.

Le tarot n'est rien d'autre qu'une langue, celle des symboles. Imaginons que vous ne parliez pas italien. Seriez-vous capable de lire un livre d'expressions courantes italiennes un soir, puis de débarquer sur la piazza Navona de Rome le lendemain, de vous asseoir en terrasse et de discuter avec vos voisins dans un italien impeccable, voire de répondre sans difficultés à ceux qui vous interpellent en sarde, en toscan ou en vénitien ? Sans mésestimer vos talents, permettez-moi d'en douter. Il en va de même avec le tarot. C'est un apprentissage long qui réclame d'être patient. Pour reprendre l'analogie de l'italien, ce n'est qu'une fois que vous vous serez immergé dans cette langue et sa culture que vous deviendrez plus compétent et très vite vous prendrez conscience de vos progrès, même si vous rencontrerez parfois un mot ou une phrase qui vous seront moins familiers. Le mot d'ordre est donc très simple : prenez votre temps.

Il est impossible d'avoir une connaissance exhaustive du tarot. Si c'était le cas, ce serait un peu comme savoir tout ce qu'il y a à savoir sur la vie. Mais avec une pratique régulière, vous vous sentirez de plus en plus à l'aise avec vos cartes.

À quelle fréquence puis-je utiliser le tarot ?

Si vous débutez votre apprentissage, je vous recommande d'utiliser vos cartes tous les jours. Cela peut paraître excessif, mais vous verrez que cela n'a rien d'une corvée.

On peut assimiler l'apprentissage du tarot à l'exercice physique. Imaginez que vous vous êtes offert un abonnement dans une salle de gym magnifique. Vous dites à qui veut l'entendre que vous allez être dans une forme olympique et, la première semaine, vous vous rendez à la salle tous les jours. La semaine suivante, pris par d'autres occupations, vous manquez une séance. Et puis la semaine suivante, un peu plus, jusqu'à arrêter même de vous y rendre.

La vie moderne est remplie par nos occupations professionnelles et familiales, par notre vie sociale. Vous vous demandez certainement comment caser l'apprentissage du tarot dans votre emploi du temps déjà bien chargé. En se mettant la pression, on finit souvent par perdre l'intérêt à faire les choses. Aussi, je vous recommande de commencer votre pratique en douceur, en vous contentant de lire une seule carte par jour, par exemple. Tirez-la lorsque vous savez que vous avez au moins une bonne dizaine de minutes devant vous.

Une carte que l'on tire le matin peut servir de guide pour la journée. En la gardant sur vous, vous pourriez prendre conscience des messages dont elle est chargée ou même des réponses qu'elle apporte aux problèmes que vous rencontrez. De la même manière, tirer une carte avant de dormir, lorsque vous êtes détendu et disponible, vous permet de revenir sur la journée qui s'est écoulée en la lisant par le prisme de la carte. La régularité de cette activité déterminera la simplicité avec laquelle vous appliquerez cette routine. Inutile de passer une heure sur chaque carte (à moins que vous n'en ayez envie), mais consacrer une dizaine de minutes pour absorber son sens vous permettra de conforter vos connaissances et votre compréhension.

Il peut également être intéressant de tenir un journal des tirages que vous faites et des découvertes qui leur sont associées. Vous pouvez y reporter le nom de la carte et quelques phrases pour la décrire. En gardant ainsi une trace de votre activité, vous pourrez identifier des schémas qui émergent des tirages, sur lesquels vous reviendrez pour comprendre en quoi ils ont reflété ou influencé votre chemin. La compréhension du tarot sur un plan personnel est impérative pour développer le lien qui vous unit au jeu. Dès l'instant où vous pourrez reconnaître dans les cartes vos propres expériences de vie, vous aurez plus de facilité à les expliquer aux autres.

À quel moment puis-je commencer à lire des tirages?

L'une des plus grandes erreurs commises par les lecteurs débutants est de s'essayer directement à la lecture de grands tirages. Ce n'est d'ailleurs pas nécessairement leur faute dans la mesure où les manuels qui accompagnent généralement les jeux ne font pas état de tirages courts, ni de la manière de les utiliser. Les grands tirages sont complexes à lire, ils peuvent créer de la confusion dans l'esprit des lecteurs débutants qui, frustrés, finissent par laisser tomber.

S'il est question dans ce livre du tirage de la Croix celtique (qui comporte dix cartes), je ne vous recommande pas de vous lancer avec, tant que vous n'avez pas une bonne compréhension des soixante-dix-huit cartes et que vous êtes à l'aise avec des tirages moins importants. La simplicité est un maître mot. Il y a tellement d'informations à collecter à partir d'un tirage de trois cartes, voire d'une seule et unique carte! Vous aurez plus tard le loisir de travailler sur des tirages plus volumineux. Pour commencer, trois cartes suffisent amplement.

Tous les lecteurs n'effectuent pas nécessairement un tirage. S'il peut être libérateur de lire des cartes sans une structure, cela peut aussi être assez déroutant. L'utilisation d'un tirage qui définit les positions des cartes oriente notre intention dès le départ. Si une carte tombe à la place réservée au passé, la moitié de l'interprétation est déjà formulée. Nous saurons que cette carte se rapporte à quelque chose ou à quelqu'un qui n'est plus dans notre vie mais dont l'impact est encore perceptible aujourd'hui.

Comment commencer une lecture?

La manière dont on approche une lecture est propre à chaque lecteur. Voici tout de même un certain nombre de conseils avant de commencer.

Prendre un petit temps pour préparer une lecture est essentiel. Quel que soit l'endroit où vous vous trouvez, quelques instants passés en contemplation silencieuse sont un bon point de départ. Vous pouvez tenir le jeu dans les mains et demander à vos guides spirituels, à vos ancêtres ou à l'univers de venir vous prêter main-forte. Vous pouvez l'exprimer à voix haute, comme une prière au cours d'une cérémonie d'ouverture, ou dans votre tête, c'est l'intention qui compte. Cela peut être une affirmation qui fait sens pour vous ou bien une sorte de prière que vous récitez chaque fois. Lorsque je prépare une lecture, j'ai l'habitude de demander à être guidé pour le bien de toutes les personnes impliquées dans cette lecture.

Tout le monde ne pose pas une question ou n'amène un sujet dans le cadre d'une lecture, mais cela peut être utile. Sans cela, vous pourriez vous demander si les cartes vous parlent d'une relation amoureuse ou de la carrière professionnelle d'une personne. En posant une question de type « Comment puis-je avancer de manière efficace dans ma vie professionnelle? », vous conférez au tirage une dimension et un cadre. L'important est aussi que cette question soit la plus précise possible, sans quoi les réponses qui seront apportées risquent d'être trop vagues. Je me suis rendu compte que les questions auxquelles on répond par oui ou par non fonctionnement mal. Il est préférable de poser des questions qui donnent au consultant le pouvoir de changer les choses. Réfléchissez par exemple à la différence qu'il y a entre « Est-ce que je vais rencontrer un amoureux cette année? » et « Que dois-je faire pour trouver un partenaire? »

On me demande souvent comment installer une table de lecture. Pour mener une bonne lecture, le plus important est incontestablement le jeu de tarot avec lequel on travaille. Ensuite, tout n'est qu'affaire de goûts et de couleurs et vous pourrez décorer l'endroit où vous tirez les cartes comme bon vous semble. Vous pourrez, par exemple, installer quelques cristaux bien choisis, allumer un bâton d'encens ou disposer un joli tissu sur la table de lecture. Même si rien de tout cela n'est fondamentalement nécessaire, cela peut aider à se mettre dans l'ambiance et à ajouter une touche de magie à l'expérience.

Dans combien de temps pourrai-je lire pour les autres?

Rien n'est pire que de consulter un lecteur qui passe son temps le nez dans son manuel de tarot pour interpréter les cartes. Commencez donc par vous familiariser avec les soixante-dix-huit cartes avant de faire la lecture pour une autre personne. Une fois que vous aurez une idée précise du sens de chaque carte, la lecture de tirages qui ne vous concernent pas sera riche d'enseignements, d'autant que passer son temps à lire ses propres tirages finit à la longue par être quelque peu rébarbatif.

Lorsque vous commencez à lire pour les autres, n'oubliez pas que vous êtes encore en phase d'apprentissage. Vos amis et vos proches seront certainement très heureux de jouer les cobayes mais vous devrez être conscient que les situations et les problèmes mis en évidence par les cartes seront toujours à prendre avec précaution. Rappelez donc régulièrement que vous êtes apprenti cartomancien et qu'à ce titre vous pouvez commettre des erreurs d'interprétation. C'est aussi un moyen de relâcher la pression qui pourrait peser sur vos épaules.

Certains ne veulent pas lire pour les autres, et c'est un choix respectable, mais c'est pourtant une activité qui permet d'aborder un plus grand nombre de sujets que ceux qui vous concernent directement. La lecture de ses propres tirages peut également être trompeuse, dans la mesure où nous ne sommes pas parfaitement objectifs lorsqu'il est question de nos problèmes, de nos peurs et de nos espoirs. Lire pour une autre personne permet aux cartes de s'exprimer plus librement, sans être ternies par des vœux pieux ou des appréhensions.

Dois-je utiliser plusieurs jeux ?

Comme je l'écris au début de cet ouvrage, il existe des milliers de jeux sur le marché. Explorer cette diversité peut constituer une expérience passionnante et très enrichissante, en analysant la manière dont les créateurs des jeux ont travaillé. Je suis, pour ma part, un collectionneur invétéré de jeux. J'en possède des centaines que j'ai acquis au fil de ces vingt dernières années. Le tarot peut être addictif et rien n'est plus simple que de se laisser emporter par les modes et les nouveautés, en espérant secrètement que le nouveau jeu que l'on vient d'acheter va nous offrir quelque chose que les autres n'ont pas.

Cela étant, pour commencer je vous recommande de n'en posséder qu'un et de ne travailler qu'avec celui-là jusqu'à ce que vous compreniez parfaitement sa structure de base, son intention et ses significations. Fort de ma propre expérience, passer d'un jeu à l'autre peut considérablement ralentir votre progression et créer de la confusion dans votre esprit. Sachant ce que je sais aujourd'hui, j'aurais dû commencer par un jeu standard et l'utiliser jusqu'à me sentir parfaitement à l'aise avec lui, plutôt que de passer d'un jeu et d'un système à l'autre comme je l'ai fait. Une petite recherche préalable peut être bénéfique quand on achète un jeu. Si vous avez la possibilité de l'essayer avant de l'acheter, c'est encore mieux ! Le Web constitue un excellent moyen pour faire un tour d'horizon de qui est proposé sur le marché. Je vous recommande donc d'utiliser le même jeu jusqu'à ce que vous n'ayez plus besoin d'avoir recours au manuel qui l'accompagne. Plus tard, vous pourrez ajouter d'autres jeux à votre collection.

Les tirages

Le tirage à une seule carte

On sous-estime à tort le tirage d'une carte seule. Les débutants dans l'univers du tarot considèrent qu'un tirage composé de plusieurs cartes offre une meilleure lecture. Mais ce n'est pas nécessairement vrai. Utiliser une seule carte permet de se concentrer sur une seule question et unc seule réponse. Si, par exemple, vous souhaitez savoir comment améliorer votre style de vie et si vous tirez le Mat, il ne fait aucun doute que la carte vous dira de tenter votre chance et de vous essayer à quelque chose de nouveau. Si l'on cherche la personne qui pourrait nous aider dans une situation déterminée et si c'est l'Empereur qui apparaît, nous devrons chercher l'aide de quelqu'un qui se distingue par son sens de l'organisation et son expérience. Il n'est certes pas question d'embrasser tous les domaines de la vie en une seule fois, mais cette méthode permet de se concentrer sur l'essentiel à un instant précis.

La lecture d'une seule carte est parfaitement adaptée à un lecteur débutant en raison de son immédiateté. Il suffit de poser une question, de mélanger les cartes et d'en tirer une. Une fois retournée, laissez travailler votre intuition. Que ressentez-vous en premier lieu à propos de cette carte ? Essayez de ne pas laisser la peur ou l'imagination brouiller votre vision, et concentrez-vous sur ce que vous dit votre intuition.

Le tirage avant d'aller dormir

De nombreux lecteurs tirent une carte pour guider la journée qui commence. Le tirage dont il est question ici en est une variante. Comme son titre le suggère, ce tirage est plus efficace le soir parce que vous êtes détendu et disponible.

CARTE 1

Cette carte nous demande de regarder ce qui s'est passé aujourd'hui et ce que nous avons appris. Avez-vous entendu des paroles sages ? Cette carte peut nous rappeler l'aide apportée par un ami ou un collègue. Elle peut aussi illustrer ce que nous ressentons à propos d'un événement qui s'est produit dans la journée.

CARTE 2

La deuxième carte nous donne une idée de ce que nous attendons de demain. Révèle-t-elle une personne qui jouera un rôle important ou quelque chose qui va se manifester ? Pour certains, il peut être question d'un comportement à adopter. Par exemple, le Sept de Bâton peut nous rappeler de nous battre pour nos idées et de ne pas laisser les autres prendre le dessus.

Ce tirage est adapté aux lecteurs débutants dans la mesure où il les encourage à utiliser une carte pour ce qu'elle reflète et à lui superposer nos expériences personnelles. Il permet également au lecteur d'utiliser les cartes pour évaluer leur utilité en amont d'une situation.

Le tirage à trois cartes

Le tirage à trois cartes est l'une des configurations les plus courantes du tarot. Ce qui rend ce tirage aussi universel c'est son immense variabilité. Il sert aussi bien pour observer le passé, le présent et le futur d'une situation spécifique.

CARTE 1

La première carte nous parle du passé et met en évidence ce qui pourrait avoir moins d'importance que les influences présentes mais dont il est néanmoins utile de tenir compte dans une situation déterminée. Par exemple, une décision insouciante prise dans le passé, mise en évidence par le Mat, pourrait avoir une profonde influence sur le présent.

CARTE 2

Cette carte nous parle du temps présent. Elle décrit ce qui est important aujourd'hui. Une carte comme le Magicien pourrait suggérer que nous sommes à un moment de pleine possession de nos moyens et que nous pouvons nous appuyer sur nos ressources.

CARTE 3

La dernière carte est une projection dans le futur. Elle donne une idée de ce vers quoi nous tendons. Le Cinq de Denier, par exemple, peut détecter un manque d'argent. Mais cette carte nous encourage aussi à changer des paramètres de notre vie pour prévenir cette période difficile qui s'annonce. Mettre un peu d'argent de côté, par exemple, pourra faciliter les choses.

Les trois positions de ce tirage peuvent être ajustées pour s'adapter au sujet et c'est pour cela qu'il est si populaire. Plutôt que d'utiliser le schéma passé/présent/futur, vous pouvez opter pour mental/corps/esprit ou situation/obstacle/conseil. Les combinaisons sont infinies.

Le tirage de la Croix celtique

Ce tirage est parmi les plus connus. On le retrouve dans la plupart des ouvrages dédiés au tarot. C'est aussi un tirage qui divise les lecteurs : beaucoup y voient une structure polyvalente et efficace, tandis que d'autres la considèrent compliquée et trop rigide. Pour ma part, j'aime beaucoup ce tirage et je l'utilise systématiquement dans mes consultations professionnelles.

La Croix celtique réclame une certaine pratique pour la maîtriser. Ce n'est peut-être pas le meilleur choix lorsque l'on débute, mais ce serait aussi dommage de l'écarter complètement. Si vous essayez de l'utiliser dès à présent, alors que vous débutez, ce tirage risque d'apporter plus de confusion que de solutions. Attendez simplement d'être parfaitement à l'aise avec les cartes et les tirages plus simples. La Croix celtique prendra alors beaucoup plus de sens que ce qu'elle pourrait vous donner à voir aujourd'hui.

Ce qui la rend compliquée c'est la lecture des cartes en relation les unes aux autres. Voici quelques-unes des combinaisons que j'ai l'habitude d'étudier.

CARTE 1 – SITUATION

À quelle situation les cartes s'adressent-elles ? Une carte dans cette position fait référence à ce qui se passe et à ce que nous pourrions ressentir par rapport à cela.

CARTE 2 – ATOUTS ET OBSTACLES PRÉSENTS

Cette carte nous parle des blocages qui remettent en cause la situation. Lorsqu'une carte positive se trouve ici, on pourra considérer son sens inversé ou le blocage lui-même de la nature de la carte.

CARTE 3 – FONDEMENT ET INCONSCIENT

C'est la base de la lecture. Cette carte examine les questions les plus profondes qui se posent. Elle peut décrire des influences de notre passé lointain ou exprimer les véritables racines du problème. Ici, une carte positive met l'accent sur ce qui donne de la force. Une carte négative, elle, peut nous expliquer pourquoi le problème se répète. Elle concerne aussi l'inconscient, indique que le problème vient d'une incompréhension psychologique, enfoui au profond de notre psyché.

Tirage de la Croix celtique

Orientation

Que vous utilisiez ce tirage ou un autre, la manière la plus simple de disposer les cartes consiste à les poser face à vous, même si la lecture concerne quelqu'un d'autre. Si vous les disposez à l'envers, face à la personne venue consulter, vous compliquez la lecture et la rendez plus confuse.

Je propose généralement à la personne venue me consulter de faire le tour de la table si elle souhaite photographier le tirage. Si la consultation a lieu par Skype, j'envoie moi-même cette photo au client. Grâce à cette photo, nous regardons tous deux les cartes dans le même sens, celui de leur lecture.

CARTE 4 – PASSÉ RÉCENT

Cette position met en évidence les événements récents. Dans certains cas, ces personnes ou ces énergies ne sont plus actives, mais il y aura toujours des occasions de déceler leur impact, même si elles ne sont plus visibles.

CARTE 5 – ATTITUDE CONSCIENTE

La carte située dans la partie supérieure de la croix est liée à ce sur quoi nous sommes concentrés. Elle expose nos pensées conscientes sur cette situation. Une carte positive placée là peut décrire un esprit sain, tandis qu'une carte négative peut indiquer que nos peurs et notre méfiance nous ralentissent.

CARTE 6 – FUTUR PROCHE

La carte placée ici indique la direction vers laquelle nous allons. Elle porte sur les semaines qui viennent et donne une indication sur les événements qui vont avoir lieu à court terme.

CARTE 7 – VOUS

Cette carte est extrêmement importante dans la mesure où elle offre un aperçu de nos motivations et de la manière dont nous nous présentons à cet instant. Toutes les autres cartes du tirage seront influencées par celle-là. Si notre avenir est prometteur, mais que nous ne nous sentons pas bien ou que nous avons peur, il se peut que nous ne parvenions pas à réaliser ce dont nous sommes pourtant capables. À l'inverse, une attitude exagérément confiante pourra être qualifiée d'arrogante.

CARTE 8 – ENVIRONNEMENT

Cette carte donne un aperçu de notre environnement personnel et des personnes qui le composent. Si une carte de cour siège ici, elle décrira une personne prête à recevoir de l'aide ou qui peut présenter un problème. D'autres cartes peuvent décrire des opportunités à saisir ou même l'opinion des personnes impliquées dans la situation.

CARTE 9 – ESPOIRS ET PEURS

On pourrait croire que nos espoirs et nos craintes sont deux choses bien différentes, mais vous seriez surpris de voir à quel point les deux sont liés. Nos rêves les plus beaux ont généralement un potentiel effrayant et accablant lorsqu'ils se manifestent. Utilisez votre intuition lorsque vous lisez cette position, car la carte qui y siège mettra en évidence un espoir ou une inquiétude. Si l'on considère dès lors qu'elle a le potentiel d'être les deux à la fois, les informations perçues sont alors tout à fait intéressantes.

CARTE 10 – ISSUE D'UNE SITUATION

Dans de nombreuses descriptions de la Croix celtique, cette carte nous parle de ce que l'on peut obtenir, d'une projection de ce à quoi nous pourrions aboutir. Et c'est précisément là que commence le véritable travail de ce tirage. Nous devrons peut-être en effet ajuster notre comportement pour correspondre à la projection à laquelle les cartes font allusion ou au contraire pour éviter qu'elle ne se produise.

Comment le tirage de la Croix celtique peut-il être lu efficacement ?

Beaucoup considèrent que la Croix celtique est alourdie par le nombre de cartes qu'elle utilise. Dans cette optique, il est vrai que ce tirage pourrait en décourager plus d'un. À présent, si l'on regarde avec davantage d'attention la structure de ce tirage, on se rend compte qu'elle est composée de plusieurs plus petits tirages de deux ou trois cartes. Il y a dès lors beaucoup à commenter. En guise d'introduction, voici quelques-unes des interprétations que j'utilise :

La carte « Vous »

Pour ma part, je considère que la carte « Vous » (position 7) est la plus importante de la figure. Elle peut nous en dire beaucoup sur notre manière d'approcher le monde. Peu importent les opportunités qui se présentent si la septième carte nous présente comme étant apathique et peu disposé à les saisir, ni même à les voir. À l'inverse, si l'on voit le monde d'un œil enthousiaste et l'esprit ouvert (et c'est ce que reflète la septième carte), nous sommes davantage susceptibles de saisir ce qui nous est offert.

Certains lecteurs utilisent ce que l'on appelle un *significateur* dans leur lecture. Il s'agit d'une carte destinée à décrire la personne qui consulte. J'ai le sentiment que la carte qui occupe la position 7 joue parfaitement ce rôle, mettant en évidence le comportement de la personne intéressée par le tirage. Je commence généralement par retourner cette carte pour évaluer la manière dont la personne perçoit la situation décrite et le monde qui l'entoure. Je m'occupe ensuite des autres cartes.

Bien que cela puisse prendre du temps, il peut être utile de voir comment la septième carte réagit avec les autres cartes du tirage. Souvenez-vous que la carte « Vous » n'est pas une représentation exhaustive de la personne concernée. Elle joue le rôle d'un miroir qui montre comment elle se comporte à un moment donné. Par exemple, une personne de nature positive peut se remettre d'une période difficile et une carte perçue comme négative en position 7 pourrait alors simplement refléter cet état, et non la nature de la personne à proprement parler.

EXEMPLE 1

Imaginons que le Huit d'Épée occupe la position sept. On pourrait penser que la personne concernée par le tirage souffre de pensées oppressantes et qu'elle a du mal à discerner son chemin. L'Empereur en position 3 (Fondement) pourrait décrire des règles, une figure autoritaire ou toute forme d'oppression qui conduit le sujet à un manque de confiance en soi ou à être dans l'incapacité à penser pour lui, à cet instant précis.

EXEMPLE 2

Si c'est le Jugement qui siège en septième position dans le cadre d'une personne en quête de l'Amour, on peut supposer qu'elle a décidé de repenser sa vie, de ranger le passé derrière elle et de se concentrer sur une nouvelle relation. Si le Cavalier de Coupe siège en position 4 (passé récent), on peut voir la personne qui a été laissée derrière. Une carte de cour en position 6 (futur proche), cependant, suggère une nouvelle opportunité romantique ou une invitation. Dans une perspective positive, on est plus susceptible d'embrasser cette relation potentielle et de remarquer son arrivée.

Votre passé récent et votre futur proche

POSITIONS 4 ET 6

Les cartes 4 et 6 ont une relation évidente. À ce moment précis, nous nous situons entre les deux : nous avons une idée de l'endroit d'où nous venons et imaginons celui où nous nous rendons. La carte de la position 6 (futur proche) peut offrir quelques surprises. Que nous décidions de saisir l'opportunité ou non de la laisser passer dépendra de notre état d'esprit du moment, de nos espoirs et de nos peurs.

EXEMPLE

Puisque beaucoup s'interrogent sur l'amour et les relations romantiques, imaginons que l'Amoureux siège à la position du passé récent. Il peut être question de la précédente union ou nous rappeler que la relation actuelle a connu des jours meilleurs.

Dans un avenir proche, une carte perçue comme négative, comme le Dix d'Épée, par exemple, va dépendre de la perception intuitive du sujet concerné. Cela pourrait signifier que nous nous accrochons à une relation qui ne fonctionne pas, ou que nous devons surmonter les difficultés rencontrées avec notre partenaire si nous souhaitons que notre relation s'épanouisse à nouveau.

Si le respect mutuel et l'amour incarnés par l'Amoureux ne sont plus de mise, cette carte nous rappelle l'importance de ces valeurs. La question à laquelle nous devons répondre est simple : souhaitons-nous persévérer dans la relation ou acceptons-nous que les choses soient terminées ? Ce n'est certes pas une situation facile mais elle semble inévitable.

Vos centres d'intérêt, vos espoirs et vos peurs

POSITIONS 5 ET 9

Il est intéressant de constater que ce qui constitue l'objectif d'un tirage n'est peut-être pas le centre d'intérêt principal. C'est ici que les arcanes mineurs prennent tout leur sens. Si le tirage concerne la carrière d'une personne, il peut être préjudiciable pour une carte d'émotion (Coupe) d'être en cinquième position. Elle pourrait nous informer que nous devons être plus pragmatique et marquer une distance plus nette avec nos émotions dans le monde des affaires.

Si ce que nous espérons est mis en évidence par la position 9 (au lieu de la carte indiquant ce que nous craignons), il est utile de s'assurer que notre objectif est bien en accord avec cette position. Il suffit parfois d'un petit ajustement de notre attention pour mettre les choses sur la bonne voie.

EXEMPLE

Si un souhait personnel (position 9) est signifié par le Neuf de Denier, il est probable que l'autosuffisance constitue l'objectif à atteindre, car le Neuf de Denier est une carte d'accomplissement et de succès mérité. Si une carte telle que le Trois de Denier se trouve à cet emplacement, alors il se peut que nous soyons sur la bonne voie pour réaliser nos rêves. Cependant, si une carte comme le Sept de Denier se trouve en position 5, la route à suivre pourrait exiger davantage de patience, et même nécessiter un changement de direction.

S'employer à trouver ses propres associations

Les associations sont si nombreuses dans une Croix celtique qu'il serait fastidieux de toutes les énumérer. En voici quelques-unes encore. Mettez-les à l'épreuve et vérifiez celles qui fonctionnent bien avec vous.

- L'esprit conscient (carte 5) est-il aligné avec les désirs inconscients (carte 3), ou sont-ils en opposition ?
- Comment la carte de croisement (carte 2) inhibe-t-elle l'énergie de l'atmosphère générale (carte 1) ?
- En quoi le futur proche (carte 6) diffère-t-il du résultat prévu (carte 10) ?
- Quelle est la différence entre notre vision du monde (carte 7) et l'opinion de ceux qui nous entourent (carte 8) ?

INDEX